edition*fünf*—

Hochzeit?
Hochzeit!

Erzählungen von Heiratsanträgen,
Fluchtversuchen und der großen Liebe

edition *fünf*

1. Auflage
Originalausgabe 2017
herausgegeben von Nicole Seifert

Zusammenstellung © 2017 edition *fünf*‒
Verlag Silke Weniger, Gräfelfing / Hamburg
im Vertrieb bei Edition Nautilus, Hamburg

Lektorat: Sophia Jungmann, Karen Nölle
Gestaltung, Satz und Herstellung: Kathleen Bernsdorf, Berlin
Schriften: Dolly, Futura
Druck und Bindung: Friedrich Pustet, Regensburg
Printed in Germany

ISBN 978-3-942374-87-3

www.editionfuenf.de

Nicole Seifert

VOM WAGNIS, SICH ZU BINDEN

... handeln diese zehn Erzählungen aus zweihundert Jahren weiblicher Literaturgeschichte. Angeordnet sind sie nach dem Zeitpunkt ihrer Entstehung, denn es sind zweihundert Jahre, in denen sich die Lebensumstände und mit ihnen die Bedeutung der Ehe sehr verändert haben. Zu Jane Austens Zeit war jede Frau, die über eine Mitgift verfügte, für die Ehe bestimmt, und bei der Wahl des Ehemannes hatte nur eins im Mittelpunkt zu stehen: seine finanziellen Mittel. Die Ehe war eine sexuelle und ökonomische Verbindung zu dem Zweck, eine Familie zu gründen, und entsprechend unumwunden wurde verhandelt. Auch noch die höheren Töchter in Virginia Woolfs allererster Erzählung von 1906 konnten nicht den Mann heiraten, den sie wollten, und mussten sorgfältig abwägen zwischen dem Charme ihres künftigen Gatten und seinem Geldbeutel. Erst als den Gefühlen mit Beginn des zwanzigsten Jahrhunderts immer mehr Bedeutung beigemessen wurde, vergrößerte sich der Entscheidungsspielraum bei der Partnerwahl. Aber mit den Wahlmöglichkeiten wuchs auch die Verwirrung darüber, welche Auswahlkriterien die richtigen sind, und oft gerieten romantische Vorstellungen mit dem realen Miteinander in Konflikt, begegnete große Verliebtheit tiefer Skepsis – der Stoff, aus dem die hier versammelten Erzählungen sind. Denn was erwartet einen, wenn man den Antrag annimmt? Will man wirklich auf all die anderen Möglichkeiten verzichten, die das Leben bereithalten könnte? Wird man so geliebt werden, wie man ist, und das auf Dauer? Fragen über Fragen, die alle zulaufen auf die eine: Hochzeit? »Hochzeit!«, antwortet so manche – wenn auch nicht jede – Protagonistin in diesem Band.

Jane Austen

DREI SCHWESTERN

BRIEF I
*Miss Stanhope an Mrs ****

Meine liebe Fanny,

ich bin das glücklichste Geschöpf unter der Sonne, denn Mr
Watts hat mir heute einen Heiratsantrag gemacht. Es ist mein
allererster, und ich kann Dir gar nicht sagen, wie stolz und
froh ich darüber bin. Wie werde ich über die Duttons trium-
phieren! Ich glaube fast, dass ich ihn nicht erhören werde,
aber weil ich mir noch nicht ganz sicher bin, gab ich ihm eine
mehrdeutige Antwort und ließ ihn stehen. Und jetzt, meine
liebe Fanny, benötige ich Deinen Rat, ob ich seinen Antrag
annehmen soll oder nicht, und damit Du Dir ein Urteil über
seine Meriten und seine geschäftliche Lage bilden kannst, will
ich Dir berichten, wie es damit steht. Er ist schon ziemlich alt,
etwa zweiunddreißig, und sieht so garstig aus, dass ich ihn
kaum anschauen mag. Er ist unausstehlich und für mich der
abscheulichste Mensch auf der Welt. Er besitzt ein großes Vermögen und wird mich für den Fall seines Todes gut versorgen;

aber ach, er ist kerngesund. Kurzum, ich weiß nicht, wie ich mich verhalten soll. Gebe ich ihm einen Korb, will er, wie er mir andeutete, Sophia seine Hand antragen und wird, wenn auch sie ihn nicht mag, um Georgiana werben, und der Gedanke, dass eine von ihnen vor mir heiratet, ist mir unerträglich. Ich weiß wohl, dass ich für den Rest meines Lebens unglücklich sein werde, wenn ich ihn nehme, denn er ist sehr übellaunig, reizbar und von argwöhnischem Naturell, zudem ein so großer Knicker, dass kein Auskommen mit ihm im Hause ist. Er werde nun mit Mama sprechen, sagte er, das aber verbat ich mir nachdrücklich, denn dann würde sie mich zur Heirat mit ihm zwingen, ob ich ihn will oder nicht; doch hat er es vermutlich inzwischen schon getan, denn er macht nie das, worum man ihn bittet. Ich glaube, ich nehme ihn doch. Welch ein Triumph, vor Sophy, Georgiana und den Duttons verheiratet zu sein! Und er hat versprochen, zur Hochzeit eine neue Equipage anzuschaffen, aber um ein Haar wären wir wegen der Farbe uneins geworden, denn ich bestand auf Blau mit Silber, er dagegen auf schlichtem Schokoladenbraun, und um mich noch mehr zu reizen, sagte er, die neue Equipage solle genauso niedrig sein wie seine alte. Ich sage Dir, ich will ihn nicht. Er werde morgen wiederkommen, meinte er, und sich meine endgültige Antwort holen; ich muss ihn mir wohl doch sichern, solange noch Zeit ist. Die Duttons werden mich beneiden, das ist gewiss, und ich werde Sophy und Georgiana auf allen Winterbällen chaperonieren können. Doch was habe ich davon, wenn er mich wahrscheinlich gar nicht hingehen lässt, denn das Tanzen ist ihm verhasst, und dass andere

Menschen an Dingen, die ihm verhasst sind, Gefallen finden könnten, geht über seinen Verstand. Und überdies spricht er sehr viel davon, dass Frauen ins Haus gehörten und dergleichen. Ich glaube, ich nehme ihn nicht, und das würde ich ihm auch sofort sagen, könnte ich nur sicher sein, dass meine Schwestern seinen Antrag nicht annehmen und er sich, wenn sie ihn abweisen, nicht an die Duttons wendet. Nein, dieses Wagnis kann ich nicht eingehen. Wenn er also verspricht, die Kutsche so zu bestellen, wie ich sie möchte, will ich ihn nehmen, wenn nicht, mag er meinethalben allein darin fahren. Ich hoffe, Du billigst meine Entscheidung, etwas Besseres fällt mir nicht ein.

In alter Freundschaft immer die Deine
Mary Stanhope

Von derselben an dieselbe

Liebe Fanny,
ich hatte gerade meinen letzten Brief an Dich versiegelt, als meine Mutter heraufkam und sagte, sie wünsche in einer außerordentlichen Angelegenheit mit mir zu sprechen.

»Ich weiß schon, worum es geht«, sagte ich.

»Mr Watts, dieser alte Narr, hat dir alles erzählt, obschon ich ihn inständig bat, es nicht zu tun. Doch kannst du mich nicht zwingen, ihn zu nehmen, wenn ich nicht will.«

»Ich werde dich nicht zwingen, Kind. Ich möchte nur wissen, wie du über seinen Antrag denkst, und dir nahelegen, dich so oder so zu entscheiden, damit Sophia ihn nehmen kann, falls du ihn nicht willst.«

»Nicht doch«, erwiderte ich eilfertig, »Sophia braucht sich darum nicht zu bekümmern, denn ich werde ihn ganz sicher selbst heiraten.«

»Wenn du das schon beschlossen hast«, sagte meine Mutter, »weiß ich nicht, weshalb du fürchtest, ich könnte dich zu einer dir unwillkommenen Entscheidung zwingen.«

»Weil es für mich noch nicht endgültig feststeht, ob ich ihn nehme oder nicht.«

»Du bist mir schon ein sonderbares Mädchen, Mary. Was du in der einen Minute verkündest, widerrufst du in der nächsten. Sag mir jetzt ein für alle Mal, ob du Mr Watts zu heiraten gedenkst oder nicht.«

»Ich bitte dich, Mama, wie kann ich dir sagen, was ich selbst noch nicht weiß?«

»Dann ersuche ich dich, deine Entscheidung möglichst schnell zu treffen, denn Mr Watts mag sich nicht auf die Folter spannen lassen.«

»Da wird er sich schon nach mir richten müssen.«

»Das wird er nicht, denn wofern du ihm nicht morgen, wenn er zu uns zum Tee kommt, deine endgültige Antwort gibst, will er um Sophy anhalten.«

»Dann werde ich aller Welt verkünden, dass er mir sehr übel mitgespielt hat.«

»Wozu soll das gut sein? Mr Watts wird schon so lange von aller Welt geschmäht, dass es ihm jetzt nichts mehr ausmachen dürfte.«

»Ich wünschte, ich hätte einen Vater oder einen Bruder, die müssten ihn zum Duell fordern.«

»Das wäre recht schlau von ihnen, denn Mr Watts würde daraufhin sogleich das Weite suchen, und ebendeshalb sollst und wirst du noch vor morgen Abend entscheiden, ob du seinen Antrag annimmst.«

»Aber warum muss er um meine Schwestern anhalten, wenn ich ihn nicht will?«

»Meiner Treu, Kind, weil er sich mit unserer Familie zu verbinden wünscht, und weil deine Schwestern ebenso hübsch sind wie du.«

»Aber wird Sophy ihn erhören, Mama, wenn er um sie anhält?«

»Ei, warum denn nicht? Sollte sie aber seinen Antrag ausschlagen, so muss Georgiana ihn nehmen, denn ich werde mir die Gelegenheit, einer meiner Töchter zu einer so guten Partie zu verhelfen, gewiss nicht entgehen lassen. So nütze denn die Zeit wohl und eile dich, mit dir ins Reine zu kommen.«

Damit ging sie. Jetzt, liebe Fanny, bleibt mir nur, Sophy und Georgiana zu fragen, ob sie ihn nehmen wollen, falls er um sie anhält. Wenn sie Nein sagen, bin ich entschlossen, ihn auch abzuweisen, denn ich verabscheue ihn mehr, als ich Dir sagen kann. Und sollte er eine der Duttons heiraten, hätte ich immer noch die Genugtuung, dass er sich zuvor bei mir einen Korb geholt hat. Adieu für jetzt, liebste Freundin!

Immer die Deine

M. S.

Miss Georgiana Stanhope an Miss ***

Mittwoch

Meine liebe Ann,

Sophy und ich haben soeben unserer älteren Schwester eine kleine Komödie vorgespielt, deren wir uns ein wenig schämen, die aber im Hinblick auf die obwaltenden Umstände am Ende doch entschuldbar ist. Unser Nachbar Mr Watts hat Mary einen Antrag gemacht, und sie weiß nicht, wie sie sich verhalten soll. Zwar ist er ihr äußerst zuwider (eine Empfindung, mit der sie nicht allein steht), doch würde sie ihn eher heiraten, als zuzugeben, dass er um Sophy oder mich anhält, was er, wie er ihr sagte, beabsichtigt, wenn sie ihn abweist, denn Du musst wissen, dass es die Ärmste als das größte denkbare Unglück ansähe, das ihr widerfahren könnte, wenn wir vor ihr unter die Haube kämen, und um das zu verhindern, wäre sie auch bereit, sich durch eine Verbindung mit Mr Watts ins Unglück zu stürzen. Vor einer Stunde kam sie, um uns zu unseren Absichten auszuforschen und ihr Verhalten entsprechend einzurichten. Kurz zuvor hatte meine Mutter mit uns über diese Angelegenheit gesprochen und erklärt, sie wolle wohl dafür sorgen, dass er nicht außerhalb unserer Familie nach einer Frau zu suchen brauche. »Deshalb«, sagte sie, »soll Sophy ihn haben, wenn Mary ihn nicht will, und wenn Sophy nicht mag, muss es eben Georgiana sein.«

Arme Georgiana! Wir machten beide keinen Versuch, meine Mutter von dieser Absicht abzubringen, denn ihre Vorsätze werden, wie ich leider sagen muss, gewöhnlich weniger vom

Verstand bestimmt als von dem festen Willen, sie auszuführen. Doch sobald sie uns verlassen hatte, versicherte ich meiner Schwester, ich erwartete für den Fall, dass Mary Mr Watts abweise, keinesfalls von ihr, dass sie aus Hochherzigkeit ihr Glück aufs Spiel setze, um seine Frau zu werden, wozu sie, wie ich befürchte, aufgrund ihrer Gutmütigkeit und schwesterlichen Zuneigung durchaus imstande wäre.

»Wiegen wir uns«, sagte sie, »einstweilen in der Hoffnung, dass Mary ihm keinen Korb gibt. Und doch – wie wäre es möglich, dass meine Schwester einen Mann erhört, der sie nie und nimmer glücklich machen kann?«

»Er sicherlich nicht, wohl aber sein Vermögen, sein Name, sein Haus, seine Equipage. Ich zweifle nicht daran, dass Mary ihn heiraten wird. Warum auch nicht? Er ist nicht älter als zweiunddreißig, ein sehr passendes Heiratsalter für einen Mann. Gewiss, er ist recht unscheinbar, doch was gilt schon Schönheit bei einem Mann? Besitzt er nur eine angenehme Erscheinung und ein verständiges Gesicht, so mag das vollauf genügen.«

»Sehr wahr, Georgiana, doch ist Mr Watts' Erscheinung leider außerordentlich gewöhnlich, und seine Züge sind sehr grob.«

»Er gilt als übellaunig, aber kann es nicht sein, dass ihn die Welt bisher nur verkannt hat? Sein Auftreten hat etwas Freimütiges, das einem Mann wohl ansteht. Es heißt, er sei knickrig; wir wollen ihn gewissenhaft nennen. Es heißt, er neige zum Argwohn. Der aber entspringt häufig einem hitzigen Temperament, das man der Jugend wohl verzeihen mag. Kurzum, es ist nicht einzusehen, warum er nicht einen sehr guten Ehemann abgeben oder warum Mary nicht sehr glücklich mit ihm werden sollte.«

Sophy lachte, und ich fuhr fort: »Ob aber Mary ihn erhört oder nicht – mein Entschluss steht fest. Ich würde eher betteln gehen, als Mr Watts heiraten. Er ist von abstoßender Gestalt und hat keine einzige gute Eigenschaft, die einen darüber hinwegsehen ließe. Zwar besitzt er Vermögen. Nur ist es doch nicht gar so groß! Dreitausend im Jahr. Was sind dreitausend im Jahr? Das ist nur sechsmal so viel wie das Einkommen meiner Mutter und kann mich nicht verlocken.«

»Für Mary allerdings ist es eine stolze Summe«, versetzte Sophy und lachte wieder.

»Für Mary! In der Tat, *sie* sähe ich gern in solchem Wohlstand.«

So plauderten wir zum größten Ergötzen meiner Schwester weiter, bis Mary in beträchtlicher Erregung das Zimmer betrat. Wir rückten am Kamin zusammen, sie setzte sich und schien zunächst nicht recht zu wissen, wie sie beginnen sollte. Schließlich sagte sie ziemlich befangen:

»Höre, Sophy, hättest du nicht Lust, dich zu verheiraten?«

»Mich zu verheiraten! Nicht im mindesten. Doch warum fragst du? Kennst du einen Mann, der um mich anhalten will?«

»Ich … nein, wie sollte ich. Aber darf ich nicht eine alltägliche Frage stellen?«

»Gar so alltäglich ist die Frage wohl nicht, Mary«, versetzte ich.

Nach kurzem Schweigen fuhr sie fort: »Wie würde es dir gefallen, Mr Watts zu heiraten, Sophy?«

Ich blinzelte Sophy zu und übernahm es, für sie zu antworten: »Wen sollte es nicht freuen, einen Mann mit dreitausend Pfund im Jahr heiraten zu können?«

»Sehr wahr«, sagte sie. »Ja, ja, das ist wohl wahr. Du würdest ihn also nehmen, wenn er dir einen Antrag machte, Georgiana? Und du, Sophy?« Sophy widerstrebte es, eine Unwahrheit zu sagen und ihre Schwester zu täuschen. Sie umging Ersteres und beschwichtigte ihr Gewissen ein wenig, indem sie eine mehrdeutige Antwort gab.

»Ich würde genauso handeln wie Georgiana.«

»So hört denn«, sagte Mary und blickte uns triumphierend an. »Ich bin von Mr Watts um meine Hand gebeten worden.«

Wir waren natürlich äußerst überrascht. »Ich wünschte, du gäbest ihm einen Korb«, sagte ich. »Vielleicht nähme er dann mich.«

Kurzum, der Plan gelang, und um das zu durchkreuzen, was sie für unser künftiges Glück hält, ist Mary bereit, etwas zu tun, was sie nie täte, wenn sie wüsste, dass sie damit in Wirklichkeit unser Glück sicherstellt. Dennoch spricht mein Herz mich nicht frei, und Sophys Bedenken sind noch größer. Beruhige unser Gemüt, liebe Ann, indem Du uns schreibst, dass Du unser Vorgehen billigst. Überlege alles wohl. Mary wird großen Gefallen daran finden, eine verheiratete Frau zu sein und uns chaperonieren zu können, und das soll sie auch, denn ich fühle mich verpflichtet, so weit wie möglich dazu beizutragen, dass sie in dem neuen Stand, den zu wählen ich sie veranlasst habe, glücklich wird. Sie werden wohl eine neue Equipage bekommen, für sie das reinste Paradies, und wenn wir Mr Watts überdies noch zum Erwerb eines Phaetons bewegen können, wird sie überglücklich sein. Sophy und mich indes könnten diese Dinge nicht über häusliche Trübsal hinwegtrösten. Bedenke all das und verdamme uns nicht.

Freitag

Gestern Abend kam Mr Watts wie verabredet zum Tee. Sobald seine Kutsche vor dem Haus hielt, trat Mary ans Fenster. »Stell dir vor, Sophy«, sagte sie, »der alte Narr besteht darauf, dass die neue Equipage genau die gleiche Farbe hat wie die alte und ebenso niedrig ist. Aber ich bin entschlossen, mich durchzusetzen. Und wenn sie nicht so hoch sein kann wie die von den Duttons und nicht in Blau und Silber gehalten ist, nehme ich ihn nicht, das sage ich euch. Da ist er schon. Er wird sich ungehobelt benehmen, das weiß ich im Voraus, er wird übler Laune sein und kein höfliches Wort an mich richten oder sich sonst benehmen, wie es sich für einen Liebhaber gehört.« Dann setzte sie sich wieder, und Mr Watts trat ein.

»Gehorsamer Diener, die Damen.« Wir begrüßten ihn, und er setzte sich ebenfalls.

»Schönes Wetter, die Damen.« Dann wandte er sich an Mary. »Nun denn, Miss Stanhope, ich hoffe, Sie haben sich zu einer Entscheidung durchgerungen und teilen mir jetzt gütigst mit, ob Sie mich heiraten wollen oder nicht,«

»Ich denke, Sir«, sagte Mary, »Sie hätten sich bei Ihrer Frage ein wenig gewählter ausdrücken können. Wenn Sie sich so wunderlich aufführen, weiß ich wirklich nicht, ob ich Sie nehmen soll.«

»Mary!«, sagte meine Mutter.

»Ach, Mama, wenn er sich so widerwärtig benimmt ...«

»Pst, Mary, so unziemlich darfst du über Mr Watts nicht reden.«

»Legen Sie ihr nur ja keine Zurückhaltung auf, Madam. Es ist durchaus unnötig, sie zur Höflichkeit mir gegenüber anzuhalten. Wenn sie meinen Antrag nicht annehmen will, so versuche ich mein Glück eben anderswo, denn es ist schließlich nicht so, dass ich eine besondere Vorliebe für sie hätte. Mir gilt es im Grunde gleich, ob ich sie nehme oder eine ihrer Schwestern.« Was für ein nichtswürdiger Mensch! Sophy errötete vor Ärger, und auch ich war sehr erzürnt.

»Nun, wenn es denn sein muss«, sagte Mary recht verdrießlich, »dann nehme ich Sie.«

»Ich dächte doch, Miss Stanhope, dass es eine Frau bei einer so großzügigen Versorgung, wie ich sie biete, keine allzu große Überwindung kosten dürfte, ihr Jawort zu geben.«

Mary murmelte etwas, und da ich dicht neben ihr saß, verstand ich ihre Worte: »Was nützt mir eine großzügige Versorgung, wenn so ein Mann ewig lebt?« Laut sagte sie: »Vergessen Sie nicht das Nadelgeld. Zweihundert im Jahr.«

»Hundertfünfzig, Madam.«

»Zweihundert, Sir«, sagte meine Mutter.

»Und denken Sie daran, dass ich eine neue Equipage erwarte, in Blau und Silber und so hoch wie die von den Duttons. Und überdies ein neues Reitpferd, ein feines Spitzenkleid und ungeheuer viele wertvolle Juwelen. Brillanten, wie sie kein Auge je sah, und Perlen, Rubine, Smaragde und sonstigen Schmuck. Sie sollen einen Phaeton anschaffen, cremefarben mit einem Kranz von Silberblumen. Sie sollen mir die besten Braunen im ganzen Königreich kaufen und mich täglich ausfahren. Ich bin noch nicht fertig. Sie sollen Ihr Haus nach meinem Geschmack gänzlich neu einrichten, noch zwei Lakaien zu meiner Bedienung einstellen, mich immer nach Gutdünken schalten und walten lassen und mir ein sehr guter Ehemann sein.«

An dieser Stelle hielt sie inne, da ihr wohl ein wenig der Atem ausgegangen war.

»All das, Mr Watts, kann meine Tochter mit Fug und Recht erwarten.«

»Da wird wohl Ihre Tochter mit Fug und Recht eine Enttäuschung erleben«, sagte er und wollte schon weitersprechen, da fiel Mary ihm ins Wort:

»Sie sollen mir ein vornehmes Gewächshaus bauen und mit Pflanzen ausstatten. Sie sollen dafür Sorge tragen, dass ich den Winter in Bath und das Frühjahr in London verbringen und jeden Sommer eine längere Reise machen kann, und den Rest des Jahres, wenn wir zu Hause sind (Sophy und ich lachten), sollen Sie Bälle und Maskeraden für mich geben. Sie sollen einen besonderen Raum für Theateraufführungen bauen. Als erstes Stück werden wir ›Which is the Man?‹ zeigen, und ich spiele Lady Bell Bloomer.«

»Und was, Miss Stanhope«, fragte Mr Watts, »darf ich dafür als Gegenleistung erwarten?«

»Als Gegenleistung? Die Gewissheit, mir zu Glück und Zufriedenheit verholfen zu haben.«

«Es müsste schon recht sonderbar zugehen, wenn das nach alldem nicht der Fall wäre. Sie sind mir zu anspruchsvoll, Madam, und so wende ich mich denn an Miss Sophy, die vielleicht ihre Erwartungen nicht ganz so hoch gespannt hat.«

»Sie irren, Sir«, sagte Sophy. »Meine Erwartungen mögen zwar nicht ganz auf der gleichen Linie liegen wie die meiner Schwester, sind aber dennoch hoch genug. Ich erwarte von meinem Ehemann, dass er heiter und ausgeglichen ist; dass er bei allem, was er tut, mein Glück im Auge hat; und dass er mich treu und aufrichtig liebt.«

Mr Watts machte große Augen. »Das sind fürwahr recht wunderliche Vorstellungen, junge Dame! Ich rate Ihnen sehr, sie noch vor der Eheschließung abzulegen, sonst werden Sie gewiss genötigt sein, es danach zu tun.«

Indes hatte meine Mutter mit Mary gesprochen und ihr Vorhaltungen gemacht. Diese begriff, dass sie zu weit gegangen war, und Mr Watts hatte sich just mir zugewandt, als sie halb devot, halb verdrießlich sagte: »Sie irren, Mr Watts, wenn Sie glauben, ich hätte es ernst gemeint, als ich so viel verlangte. Auf einer neuen Equipage aber muss ich bestehen.«

»Ja, Sir, Sie werden zugeben, dass Mary das mit Fug und Recht erwarten kann.«

»Ich habe auf jeden Fall vor, eine neue Equipage anzuschaffen, wenn ich heirate, Mrs Stanhope, das habe ich schon immer vorgehabt. Aber sie wird in der Farbe genau wie die alte sein.«

»Ich denke, Mr Watts, Sie sollten meiner Tochter die Höflichkeit erweisen, sie in solchen Dingen nach ihrem Geschmack zu befragen.«

Damit war Mr Watts nicht einverstanden, und geraume Zeit noch beharrte er auf seiner Schokoladenfarbe, indes Mary mit dem gleichen Eifer für Blau-Silber stritt. Schließlich schlug Sophy Mr Watts zu Gefallen als Farbe Dunkelbraun und Mary zu Gefallen eine recht hohe Equipage mit silbernen Kanten vor. Darauf einigten sie sich dann schließlich, wenn auch mit einigem Widerstreben, da beide ihren Standpunkt lieber vollständig durchgesetzt hätten. Hernach wurden andere Dinge besprochen, und man kam überein, Hochzeit zu machen, sobald die Urkunden aufgesetzt waren. Mary war auf eine Sondererlaubnis zur Eheschließung aus. Mr Watts sprach vom Aufgebot. Man einigte sich schließlich auf eine gewöhnliche Heiratserlaubnis. Mary soll seinen Familienschmuck haben, der aber wohl nicht der Rede wert ist, und Mr Watts versprach, ihr ein Reitpferd zu kaufen; dafür hat sie in den kommenden drei Jahren keine Reise nach London oder anderen öffentlichen Orten zu erwarten. Sie wird weder ein Gewächshaus noch ein Privattheater oder einen Phaeton bekommen und muss sich mit nur einer Zofe – ohne zusätzliche Lakaien – begnügen. Die Regelung dieser Fragen nahm den ganzen Abend in Anspruch; Mr Watts aß mit uns und verließ erst um zehn das Haus. Sobald er fort war, stieß Mary hervor: »Gott sei Dank! Endlich ist er weg. Wie ich ihn verabscheue.« Vergeblich stellte Mama ihr vor, wie unziemlich es sei, denjenigen zu verabscheuen, der ihr zum Ehemann bestimmt sei. Sie wurde nicht müde zu verkünden, wie verhasst er ihr sei und wie inständig sie sich wünsche, ihn nie wiederzusehen. Was mag das für eine Ehe werden. Adieu, liebste Ann.

Deine Dich liebende

Georgiana Stanhope

Von derselben an dieselbe

Samstag

Liebe Ann,

Mary, der sehr daran gelegen war, die Kunde von ihrer bevorstehenden Heirat überall zu verbreiten und ihren Triumph über die Duttons auszukosten, forderte uns auf, am Vormittag mit ihr einen Gang nach Stoneham zu machen. Da wir nichts anderes zu tun hatten, waren wir einverstanden und freuten uns an dem Spaziergang, soweit das in Gesellschaft Marys möglich war, deren Unterhaltung sich darin erschöpfte, ihren künftigen Ehemann zu schmähen und sich nach einer blausilbernen Equipage zu verzehren.

Als wir zu den Duttons kamen, fanden wir die beiden Mädchen im Ankleidezimmer, zusammen mit einem sehr gutaussehenden jungen Mann, der uns natürlich vorgestellt wurde. Es ist der Sohn von Sir Henry Brudenell aus Leicestershire. Mr Brudenell ist der stattlichste junge Mann, der mir je begegnet ist, wir sind alle drei sehr von ihm angetan.

Mary, die schier barst im Bewusstsein ihrer eigenen Bedeutung und in dem Drang, sich entsprechend mitzuteilen, konnte, als wir einmal saßen, über das Thema nicht lange schweigen und wandte sich alsbald an Kitty: »Meinst du nicht, dass es nötig sein wird, den ganzen Schmuck neu fassen zu lassen?«

»Notwendig wofür?«

»Wofür? Nun, für meinen Auftritt natürlich.«

»Verzeihung, aber ich verstehe dich nicht. Von welchem Schmuck sprichst du, und wann soll dieser Auftritt sein?«

»Auf dem nächsten Ball natürlich, nach meiner Hochzeit.«

Du kannst dir ihre Überraschung vorstellen. Zuerst waren sie recht skeptisch, doch als wir die Geschichte bestätigten, mussten sie es wohl glauben. »Und wer ist der Glückliche?«, lautete natürlich die erste Frage.

Mary spielte die Schamhafte und erwiderte mit niedergeschlagenem Blick: »Mr Watts.«

Auch hierfür erbaten sie unsere Bestätigung, denn dass ein so hübsches und überdies mit einem kleinen, aber sicheren Vermögen ausgestattetes Mädchen wie Mary aus freien Stücken bereit wäre, einen Mr Watts zu heiraten, war ihnen schier unbegreiflich.

Da nun der Gegenstand angemessen eingeführt war und Mary sich im Mittelpunkt der Aufmerksamkeit fand, legte sich ihre Befangenheit vollkommen, und sie wurde ganz offenherzig und gesprächig. »Es wundert mich, dass ihr noch nichts davon gehört habt, denn derlei Dinge sprechen sich doch schnell in der Nachbarschaft herum.«

»Ich kann dir versichern«, sagte Jemima, »dass ich von dieser Sache keine Ahnung hatte. Geht sie denn schon länger?«

»O ja! Bereits seit Mittwoch.«

Alle lächelten, besonders Mr Brudenell.

»Ihr müsst wissen, dass Mr Watts heftig in mich verliebt ist, so dass es auf seiner Seite eine echte Neigungsehe ist.«

»Doch wohl nicht nur auf seiner Seite«, bemerkte Kitty.

»Ach, wenn auf einer Seite so viel Liebe im Spiel ist, tut sie auf der anderen Seite nicht not. Doch bin ich ihm nicht allzu abgeneigt, obschon er recht garstig aussieht.«

Mr Brudenell machte große Augen, die Dutton-Schwestern lachten, und Sophy und ich schämten uns von Herzen für Mary.

»Wir werden eine neue Equipage bekommen und sehr wahrscheinlich einen Phaeton.« Diese Feststellung entsprach, wie wir wussten, nicht der Wahrheit, doch wenn es der Ärmsten Freude machte, den Anwesenden etwas Derartiges einzureden, mochte ich ihr den harmlosen Spaß nicht verderben.

Sie fuhr fort: »Mr Watts wird mir seinen Familienschmuck schenken, der, wie ich glaube, sehr beträchtlich ist.«

Ich konnte nicht umhin, Sophy zuzuflüstern: »Ich glaube das nicht.«

»Und dieser Schmuck, denke ich, sollte neu gefasst werden, ehe man ihn tragen kann. Ich werde ihn zu meinem ersten Ball nach der Hochzeit anlegen. Falls Mrs Dutton nicht hingehen möchte, will ich euch gern chaperonieren. Sophy und Georgiana nehme ich auf jeden Fall mit.«

»Sehr gütig«, sagte Kitty. »Da du offenbar so gern junge Damen unter deine Fittiche nimmst, solltest du Mrs Edgecumbe fragen, ob sie dich ihre sechs Töchter chaperonieren lässt. Kommen deine Schwestern und wir noch hinzu, so dürfte dein Erscheinen erhebliches Aufsehen erregen.«

Wir mussten alle schmunzeln bis auf Mary, die den Hintersinn ihrer Worte nicht begriffen hatte und kühl erklärte, eine so große Schar wünsche sie nicht zu chaperonieren. Sophy und ich bemühten uns, dem Gespräch eine andere Wendung zu geben, was aber nur für wenige Minuten gelang, denn Mary brachte die Rede sogleich wieder auf sich und ihre bevorstehende Hochzeit. Es tat mir für meine Schwester leid, dass Mr Brudenell ihr offenbar mit großem Ergötzen zuhörte und sie durch Fragen und Bemerkungen ermutigte fortzufahren, denn es lag auf der Hand, dass er sich nur über sie lustig machte. Ich fürchte, er fand sie sehr albern. Er beherrschte sich recht gut, doch war ihm anzusehen, dass er Mühe hatte, ernst zu bleiben. Schließlich aber schien er ihrer Redereien überdrüssig zu sein, er wandte sich uns zu und richtete in der nächsten halben Stunde, ehe wir Stoneham verließen, kaum noch ein Wort an Mary. Auf dem Heimweg konnten wir uns nicht genugtun, Mr Brudenells Wesen und Erscheinung zu preisen.

Zu Hause fanden wir Mr Watts vor. »Na, Miss Stanhope«, sagte er, »wie Sie sehen, bin ich gekommen, um Ihnen die Cour zu schneiden, wie sich das für einen richtigen Liebhaber gehört.«

»Das hätten Sie mir nicht eigens zu sagen brauchen. Ich weiß sehr gut, warum Sie gekommen sind.«

Sophy und ich verließen das Zimmer, da wir der jungen Liebe natürlich nicht im Wege sein wollten. Zu unserer großen Überraschung folgte uns Mary fast unverzüglich nach.

»Wie, hat Mr Watts sein Courschneiden so schnell wieder eingestellt?«, fragte Sophy.

»Courschneiden!«, gab Mary zurück. »Gestritten haben wir. Watts ist so ein Hanswurst, am liebsten würde ich ihn nie wiedersehen.«

»Ich fürchte, daraus wird nichts«, sagte ich, »da er heute hier zu Abend isst. Worum ging denn der Streit?«

»Nur weil ich ihm erzählte, ich hätte heute Vormittag einen Mann gesehen, der viel hübscher ist als er, geriet er in Wut und nannte mich einen Zankteufel, daraufhin sagte ich nur, für mich sei er ein Lumpenkerl, und ließ ihn stehen.«

»Kurz und bündig«, bemerkte Sophy. »Aber sag mir doch, Mary, wie das wieder ins Lot kommen soll.«

»Eigentlich müsste er mich um Verzeihung bitten, doch wenn er es täte, würde ich sie ihm nicht gewähren.«

»Dann hätte ja sein Nachgeben wenig Sinn.«

Wir zogen uns um und gingen dann wieder in den Salon, wo Mama und Mr Watts in vertraulichem Gespräch beisammensaßen. Er hatte sich offenbar über das Betragen ihrer Tochter beschwert, und sie hatte ihm zugeredet, sich nichts daraus zu machen. Und so begegnete er denn Mary mit all seiner gewohnten Artigkeit, und bis auf eine Spitze, die den Phaeton, und eine zweite, die das Gewächshaus betraf, verlief der Abend in schönster Harmonie und Herzlichkeit. Watts will nach London fahren, um die Hochzeitsvorbereitungen voranzutreiben.

In alter Freundschaft verbleibe ich Deine

Georgiana Stanhope

aus dem Englischen von Renate Orth-Guttmann

Virginia Woolf

PHYLLIS UND ROSAMOND

In dieser sehr merkwürdigen Zeit, da wir auf einmal das Bedürfnis nach Bildern von Menschen haben, von ihrem Denken
und ihrer Kleidung, mag eine getreue Skizze, gezeichnet allein
mit der Fähigkeit zur Wahrheitsliebe, womöglich von gewis-
sem Wert sein.

Neulich hörte ich, wie gesagt wurde, ein jeder sollte genau
aufschreiben, wie sein Arbeitstag aussieht; die Nachwelt werde sich über die Niederschrift so freuen wie wir selbst, wenn
wir eine Aufzeichnung darüber besäßen, wie der Türsteher
des Globe Theatre und der Mann, der das Tor zum Park be-
wachte, ihren Samstag, den 18. März, im Jahr des Herrn 1568
verbrachten.

Und da die Porträts, die es gibt, fast ausnahmslos Wesen
männlichen Geschlechts abbilden, die sichtbarer über die
Bühne schreiten, erscheint es lohnend, sich eine der vielen im
Schatten zusammengedrängten Frauen als Modell zu wählen.
Denn jeder redlich denkende Mensch, der sich mit Geschichte
und Biografie beschäftigt, wird feststellen, dass diese verborgenen Gestalten eine ähnliche Stellung innehaben wie die

Hand des Puppenspielers beim Tanz von Marionetten; und der Finger liegt auf dem Herzen. Unserem schlichten Blick, das ist wahr, ist es viele Jahrhunderte lang so vorgekommen, als würden die Puppen eigenständig tanzen und ihre Schritte setzen, wie sie es wollten; und das bisschen Licht, das Schriftsteller und Historiker auf den dunklen, beengten Raum hinter den Kulissen zu werfen begonnen haben, hat uns bislang kaum mehr gezeigt, als wie viele Fäden dort von verborgenen Händen gehalten werden, die durch ihr Rucken und Drehen den gesamten Verlauf des Tanzes bestimmen. Diese Vorrede bringt uns alsdann an den Punkt zurück, der am Anfang stand; wir wollen uns so sorgsam, wie wir können, eine kleine Gruppe anschauen, die zum gegenwärtigen Zeitpunkt (dem 20. Juni 1906) lebt und aus einigen noch zu nennenden Gründen die Eigenschaften vieler zu verkörpern scheint. Ihr Fall ist ein durchaus üblicher, denn es gibt nun einmal viele junge Frauen aus gutsituiertem, angesehenem, gehobenem Elternhaus; sie alle dürften mit ähnlichen Problemen konfrontiert sein und leider nur über eine geringe Auswahl von Lösungen verfügen.

Sie seien fünf, allesamt Töchter, werden sie Ihnen mit Bedauern erklären, da sie, scheint es, diesen frühesten Fehler ihr Leben lang an ihrer Eltern statt beklagen werden. Außerdem seien sie in zwei Lager geteilt: Zwei Schwestern stehen zwei anderen ablehnend gegenüber; die fünfte schlägt sich abwechselnd den einen oder den anderen zu. Die Natur hat entschieden, zwei mit einem robusten, kämpferischen Temperament zu versehen, das sich erfolgreich und nicht unzufrieden der Volkswirtschaft und sozialen Fragestellungen widmet, während sie die anderen zwei verspielt und häuslich geschaffen hat, mit einem sanfteren, feinfühligeren Naturell. Und diese beiden sind nun zu einem Dasein als »Haustöchter« verdammt, wie es im Jargon des Jahrhunderts heißt. Ihre Schwestern, die beschließen, ihren Intellekt zu kultivieren, studieren an der Universität, zeigen dort gute Leistungen und heiraten Professoren. Ihre Karrieren ähneln denen von Männern so sehr, dass es kaum lohnt, sie zum Gegenstand eingehender Recherche zu machen. Die fünfte Schwester hat von allen den am wenigsten ausgeprägten Charakter, aber, weil sie mit 22 heiratet, kaum Zeit, die besonderen Eigenschaften jungen Damentums auszubilden, die wir uns zu beschreiben vorgenommen haben. Die beiden »Haustöchter«, nennen wir sie Phyllis und Rosamond, bieten uns hingegen ausgezeichneten Stoff für unsere Nachforschungen.

Bevor wir mit der Untersuchung beginnen, wollen wir sie mit einigen Fakten untermauern. Phyllis ist 28, Rosamond 24. Von Erscheinung sind sie hübsch, rotwangig, lebhaft; wer aufmerksam hinschaut, wird keine Schönheit im üblichen Sinne entdecken, aber ihre Kleidung und ihr Auftreten vermitteln den Eindruck von Schönheit – ohne deren Substanz. Im Salon wirken sie heimisch, so als wären sie in seidenen Abendgewändern geboren und hätten niemals etwas Unwegsameres als einen Orientteppich betreten oder auf etwas Härterem als einem Sessel oder Sofa geruht. In einem Salon voll gut gekleideter Männer und Frauen wirken sie wie der Makler an der Börse oder der Anwalt im Temple. Dies, so sagen jede Bewegung und jedes Wort, ist ihre Heimatluft, ihr Geschäftslokal, ihre berufliche Arena. Hier praktizieren sie sichtlich die Künste, die man sie von Kind auf gelehrt hat. Hier erringen sie, vielleicht, ihre Siege und verdienen ihr Brot. Doch wäre es ebenso ungerecht wie einfach, die Metapher so zu strapazieren, dass es aussähe, als wäre der Vergleich vollkommen angemessen oder gar umfassend. Er hinkt. Um jedoch zu entdecken, weshalb und in welcher Hinsicht er hinkt, wird einige Zeit und Sorgfalt vonnöten sein.

Man muss sich in die Lage versetzen, den jungen Damen in ihr Haus zu folgen und ihren Äußerungen über der Schlafzimmerkerze zu lauschen. Man muss bei ihnen sein, wenn sie am nächsten Morgen aufwachen; und man muss sie den Tag hindurch begleiten. Wenn man das getan hat, nicht nur einen Tag, sondern viele Tage lang, wird man den Wert der Eindrücke ermessen können, die man abends im Salon sammelt.

Von der bereits bemühten Metapher lässt sich immerhin so viel behalten: Der Auftritt im Salon bedeutet für sie Arbeit und nicht Spiel. Das wird durch das Geschehen während der Heimfahrt in der Kutsche deutlich. Lady Hibbert ist eine strenge Kritikerin dieser Veranstaltungen; sie hat darauf geachtet, ob ihre Töchter gut aussahen, gut konversierten, sich wohl verhielten; ob sie die richtigen Menschen anzogen und die falschen abstießen; ob sie im Ganzen einen günstigen Eindruck hinterließen. Die Fülle und Detailliertheit ihrer Bemerkungen lassen leicht erkennen, dass eine zweistündige Vergnügung Künstlerinnen dieses Genres vor eine äußerst heikle und komplizierte Aufgabe stellt. Es hängt offenbar viel davon ab, wie sie sich bewähren. Die Töchter antworten unterwürfig und nehmen dann schweigend das Lob oder den Tadel der Mutter entgegen, und deren Urteil ist hart. Wenn sie endlich allein sind – sie teilen sich ein Zimmer bescheidener Größe im obersten Stockwerk eines großen hässlichen Hauses –, recken sie die Arme und seufzen vor Erleichterung. Ihr Gespräch ist nicht sehr erbaulich; es ist das »Fachsimpeln« von Geschäftsleuten; sie kalkulieren ihre Gewinne und Verluste und haben ausschließlich das eigene Interesse im Sinn. Und dabei hat man sie vermutlich über Bücher und Theater und Kunst plaudern hören, als wären diese es, die ihnen am meisten am Herzen lägen; als wäre das Gespräch darüber der einzige Grund für eine »Gesellschaft«.

Gleichwohl wird man in dieser Stunde unschöner Offenheit auch etwas beobachten, das ebenfalls sehr ehrlich, aber keineswegs hässlich ist: Die Schwestern hatten sich aufrichtig gern. Der Form nach ähnelt ihre Zuneigung in wesentlichen Aspekten einem freimaurerischen Bund, der so gar nichts Gefühliges hat; sie teilen sämtliche Hoffnungen und Ängste; doch ist das Empfinden, seiner prosaischen Erscheinung zum Trotz, tief und echt. Sie sind absolut redlich im Umgang miteinander; und die jüngere Schwester verhält sich der älteren gegenüber sogar ein wenig ritterlich. Weil diese altersbedingt die Schwächere ist, muss sie von allem nur das Beste haben. Und Phyllis nimmt dieses Privileg ihrerseits mit einer Dankbarkeit an, die etwas Ergreifendes hat. Aber es wird schon spät, und aus Rücksicht auf ihren Teint ermahnen die beiden geschäftstüchtigen jungen Frauen einander, dass es Zeit ist, das Licht zu löschen.

Trotz dieser Voraussicht möchten sie am Morgen nach dem Wecken am liebsten weiterschlafen. Doch Rosamond springt auf und schüttelt Phyllis.

»Phyllis, wir kommen zu spät zum Frühstück.«

Das Argument war offenbar überzeugend, denn Phyllis stand auf und begann schweigend, sich anzuziehen. Bei aller Hast kleideten sich die Schwestern mit großer Sorgfalt und Geschicklichkeit an, und bevor sie nach unten gingen, wurde das Resultat von der jeweils anderen gründlich inspiziert. Schlag neun betraten sie den Frühstücksraum. Ihr Vater saß schon dort, küsste die Töchter flüchtig, hielt seine Tasse zum Einschenken hin, las seine Zeitung und entschwand. Es war eine stille Mahlzeit. Lady Hibbert frühstückte in ihrem Zimmer, doch nach dem Frühstück mussten sie zu ihr gehen, um die Aufträge für den Tag entgegenzunehmen. Und während die eine sich diktieren ließ, begab sich die andere zur Köchin, um das Mittag- und Abendessen zu planen. Gegen elf hatten sie einen Moment zum Verschnaufen und trafen sich im Schulzimmer, wo die jüngste Schwester, die sechzehnjährige Doris, auf Französisch einen Aufsatz über die Magna Charta schrieb. Ihre Klagen über die Unterbrechung – denn sie träumte bereits von einer Bestnote – trafen auf Unverständnis. »Wir müssen hier sitzen, weil wir ja sonst nirgends sitzen können«, sagte Rosamond. »Du brauchst nicht zu meinen, dass wir deine Gesellschaft suchen«, ergänzte Phyllis. Beides wurde ohne Bitterkeit geäußert, als bloße Gemeinplätze des Alltags.

Aus Rücksicht auf ihre Schwester nahm Phyllis allerdings einen Band Anatole France zur Hand, und Rosamond schlug

Walter Paters *Griechische Studien* auf. Ein paar Minuten lasen sie schweigend, dann klopfte eine Dienerin, ganz außer Atem, und teilte mit, Ihre Ladyschaft wünsche die jungen Damen im Salon zu sprechen. Sie stöhnten; Rosamond erbot sich, allein zu gehen; Phyllis entgegnete, nein, sie seien beide Opfer, und während sie missvergnügt nach unten gingen, überlegten sie, was es wohl zu tun gebe. Lady Hibbert erwartete sie ungeduldig.

»Ach, da seid ihr endlich«, rief sie. »Euer Vater hat ausrichten lassen, dass er Mr Middleton und Sir Thomas Carew zum Lunch gebeten hat. Sehr ärgerlich ist das! Ich kann mir nicht vorstellen, was ihn dazu getrieben hat, sie einzuladen. Und wir haben nichts zu essen – und Phyllis, wie ich sehe, hast du dich nicht um die Blumen gekümmert; und Rosamond, ich möchte, dass du einen frischen Latz in mein rotbraunes Kleid nähst. Himmel, wie gedankenlos Männer doch sind.«

Die Töchter waren diese Sticheleien gegen ihren Vater gewohnt; normalerweise waren sie auf seiner Seite, aber das sagten sie nie.

Jetzt machten sie sich schweigend zu ihren unterschiedlichen Erledigungen auf: Phyllis musste ausgehen, um Blumen und einen zusätzlichen Gang für das Mittagessen zu besorgen, und Rosamond setzte sich an ihre Näharbeit.

Als ihre Aufgaben erledigt waren, blieb kaum Zeit, sich zum Lunch umzuziehen, doch Punkt halb zwei betraten sie rosig und lächelnd den großen, prunkvollen Salon. Mr Middleton war Sir William Hibberts Sekretär; ein aufstrebender junger Mann mit Zukunft – so Lady Hibbert –, der möglicherweise zu ermutigen wäre. Sir Thomas war Beamter im selben

Amt, untersetzt und gichtig, eine stattliche Spielfigur, doch ohne eigene Bedeutung.

Beim Lunch dann entspann sich zwischen Mr Middleton und Phyllis ein lebhaftes Gespräch, während die Älteren Plattitüden austauschten, mit tiefen, sonoren Stimmen. Rosamond saß eher still dabei, wie es ihre Art war; sie stellte Vermutungen über die Person des Sekretärs an, der womöglich ihr Schwager werden würde, und überprüfte bei jedem neuen Wort, das er sprach, ihre Theorien. Es herrschte offenes Einvernehmen darüber, dass Mr Middleton ihrer Schwester Beute war, sie drang nicht in ihr Revier ein. Hätte man ihre Gedanken lesen können, während sie Sir Thomas' Geschichten über Indien in den Sechzigern lauschte, hätte man sie bei eher abwegigen Überlegungen ertappt; Klein-Middleton, wie sie ihn nannte, war kein schlechter Kerl; er hatte Verstand, er war, wie sie wusste, ein guter Sohn und würde ein guter Ehemann sein. Außerdem war er wohlhabend und würde im Staatsdienst seinen Weg gehen. Andererseits verriet ihr psychologischer Scharfsinn ihr, dass er engstirnig war, ohne jede Spur von Phantasie oder Intellekt in dem Sinne, wie sie die beiden verstand; und sie kannte ihre Schwester gut genug, um zu wissen, dass sie diesen tüchtigen, fleißigen kleinen Mann niemals lieben könnte, auch wenn sie ihn durchaus achtete. Die Frage war also: Sollte sie ihn heiraten? An diesem Punkt war sie angelangt, als Lord Mayo einem Attentat zum Opfer fiel; und während ihre Lippen erschrockene Ohs und Ahs bildeten, telegrafierten ihre Augen über den Tisch: »Ich habe Zweifel.« Hätte sie genickt, hätte sich ihre Schwester daraufhin jener Künste bedient, durch die schon zahllose Heiratsanträge erwirkt worden waren. Aber Rosamond wusste noch nicht genug, um eine Entscheidung zu treffen. Deshalb funkte sie lediglich: »Halte ihn im Spiel.«

Die Herren gingen bald nach dem Essen, und Lady Hibbert machte Anstalten, sich zur Mittagsruhe zurückzuziehen. Doch bevor sie ging, rief sie Phyllis zu sich.

»Nun, meine Liebe«, sagte sie mit mehr Zuneigung, als sie bislang gezeigt hatte, »war es ein schöner Lunch für dich? War Mr Middleton nett?« Sie tätschelte ihrer Tochter die Wange und blickte ihr forschend in die Augen.

Phyllis fühlte sich gereizt und antwortete lustlos: »Ach, er ist kein schlechter kleiner Mann, aber er begeistert mich nicht.«

Sofort veränderte sich Lady Hibberts Miene; war sie eben noch als gutartige Katze erschienen, die in philanthropischer Absicht mit einer Maus spielte, so war sie jetzt das echte Tier und bitterernst.

»Denk daran«, schnaubte sie, »so kann es nicht ewig weitergehen. Versuch bitte, ein bisschen weniger selbstsüchtig zu sein, meine Liebe.« Ihre Worte hätten nicht unangenehmer klingen können, wenn sie laut geflucht hätte.

Sie fegte hinaus, und die beiden jungen Frauen blickten sich an, die Lippen vielsagend verzogen.

»Ich konnte nicht anders«, sagte Phyllis und lachte verhalten. »Komm, erholen wir uns ein wenig. Ihre Ladyschaft wird uns vor vier nicht wieder brauchen.«

Sie stiegen zum Schulzimmer hinauf, das nun leer war, und ließen sich in tiefe Sessel fallen. Phyllis zündete sich eine

Zigarette an, und Rosamond lutschte Pfefferminzbonbons, als würden diese das Denken anregen.

»Tja, meine Liebe«, sagte Phyllis schließlich, »wie entscheiden wir uns nun? Jetzt haben wir Juni; unsere Eltern geben mir bis Juli: Klein-Middleton ist der Einzige.«

»Außer –«, begann Rosamond.

»Ja, aber an ihn zu denken ist zwecklos.«

»Arme alte Phyllis! Nun ja, er ist kein schlechter Mann.«

»Anständig-nüchtern, aufrichtig-fleißig. Oh, wir wären ein vorbildliches Paar! Du könntest uns in Derbyshire besuchen.«

»Du könntest noch einen Besseren finden«, fuhr Rosamond fort, mit nachdenklicher Richtermiene. »Andererseits werden sie sich nicht mehr lange gedulden.« Mit »sie« waren Sir William und Lady Hibbert gemeint.

»Vater hat mich gestern gefragt, was ich denn machen könnte, wenn ich unverheiratet bliebe. Ich hatte keine Antwort.«

»Nein, man hat uns zur Ehe erzogen.«

»*Du* hättest etwas Besseres machen können. Ich bin natürlich ein Dummkopf, da ist es gleich.«

»Und ich halte eine Ehe immer noch für das Beste, was es gibt – falls es denn erlaubt wäre, den Mann zu heiraten, den man will.«

»Ja, ich weiß: Es ist gemein. Aber um die Tatsachen kommt man nicht herum.«

»Middleton«, sagte Rosamond knapp. »Er ist im Augenblick die Tatsache. Magst du ihn?«

»Nicht im Geringsten.«

»Könntest du ihn heiraten?«

»Wenn Ihre Ladyschaft mich dazu zwingt.«

»Immerhin wäre es eine Möglichkeit, hier wegzukommen.«

»Wie findest du ihn denn?«, fragte Phyllis, die auf den Rat ihrer Schwester hin jeden Mann genommen oder abgewiesen hätte. Rosamond, die über einen scharfen, beweglichen Verstand verfügte, war darauf getrimmt worden, diesen ausschließlich auf den menschlichen Charakter anzuwenden, und da ihre Wissenschaft nur ganz geringfügig von persönlichen Vorurteilen gefärbt war, konnte man ihren Befunden im Allgemeinen trauen.

»Es spricht viel für ihn«, begann sie. »Moralische Qualitäten einwandfrei; Intelligenz passabel; er wird es natürlich zu etwas bringen; kein Fünkchen Phantasie oder Romantik; er würde dich sehr gerecht behandeln.«

»Kurzum, wir wären ein würdiges Paar: ähnlich wie unsere Eltern!«

»Die Frage ist«, fuhr Rosamond fort, »lohnt es sich, ein weiteres Jahr in Knechtschaft zu verbringen, bis der Nächste auftaucht? Und wer ist der Nächste? Simpson, Rogers, Leiscetter?«

Ihre Schwester zog bei jedem Namen eine Grimasse.

»Das Fazit scheint zu sein: abwarten und Haltung bewahren.«

»Ach, Rosamond, freuen wir uns des Lebens, solange wir können! Wenn du nicht wärst, wäre ich schon dutzendmal verheiratet.«

»Du wärst längst wieder geschieden, meine Liebe.«

»Dafür bin ich zu bieder. Ohne dich bin ich sehr schwach. Und jetzt wollen wir von deinen Angelegenheiten reden.«

»Meine Angelegenheiten können warten«, sagte Rosamond entschlossen. Und so diskutierten die beiden jungen Frauen die Charaktere ihrer Freundinnen, mit Scharfsinn und Mitgefühl zugleich, bis es Zeit wurde, sich abermals umzuziehen. Doch es lohnt sich, zwei Eigenschaften ihres Gesprächs festzuhalten. Erstens, dass ihnen Intellekt sehr wichtig war und sie bei ihren Erörterungen stets darauf eingingen; und zweitens, dass ihr Urteil überall dort, wo sie häusliches Unglück oder eine enttäuschte Liebe vermuteten, selbst wenn es die am wenigsten Gefälligen betraf, sanft und teilnahmsvoll ausfiel.

Um vier fuhren sie mit Lady Hibbert aus, um Besuche zu machen. Zu diesem Zweck fuhren sie würdevoll bei einem Haus nach dem anderen vor, in dem sie diniert hatten oder zu dinieren hofften, um dort dem Dienstboten zwei bis drei Karten in die Hand zu drücken. In eines der Häuser gingen sie hinein und tranken eine Tasse Tee und unterhielten sich genau eine Viertelstunde lang über das Wetter. Zum Schluss drehten sie eine langsame Runde durch den Park – in der Reihe bunter Kutschen, die zu jener Stunde im Schritttempo um die Achillesstatue fahren. Lady Hibbert trug unentwegt immer dasselbe Lächeln.

Um sechs Uhr waren sie wieder zu Hause und trafen dort Sir William an, der mit einem älteren Verwandten und dessen Frau beim Tee saß. Es waren Leute, bei denen man auf alle

Förmlichkeit verzichten konnte. Lady Hibbert zog sich zurück, um sich hinzulegen, und überließ es ihren Töchtern, sich zu erkundigen, wie es John ging und ob Millie von den Masern genesen war. »Denk dran, William, wir sind um acht zum Essen eingeladen«, sagte sie im Hinausgehen.

Phyllis begleitete die Eltern; die Gesellschaft fand bei einem hochrangigen Richter statt, und ihr fiel die Aufgabe zu, mit einem angesehenen Kronanwalt zu plaudern; so konnte sie sich wenigstens in einer Hinsicht entspannen, und das Auge der Mutter ruhte gleichgültig auf ihr. Es war wie ein Schluck frischen, kalten Wassers, dachte Phyllis, sich mit einem intelligenten älteren Herrn über unpersönliche Themen zu unterhalten. Sie theoretisierten nicht, sondern er erzählte von Tatsachen, und sie nahm erfreut zur Kenntnis, dass die Welt voll unverrückbarer Dinge war, die mit ihrem Leben nichts zu tun hatten.

Als sie gingen, teilte sie ihrer Mutter mit, dass sie noch zu den Tristrams wolle, um dort Rosamond zu treffen. Lady Hibbert spitzte den Mund, zuckte die Achseln und sagte »Na schön«, als hätte sie, wäre ihr nur ein ausreichend guter Grund eingefallen, Einspruch erhoben. Doch weil Sir William wartete, beschränkte sich ihr Einwand auf ein Stirnrunzeln.

So fuhr Phyllis allein in den abgelegenen, unmodischen Stadtteil von London, in dem die Tristrams wohnten. Dieses war einer der vielen beneidenswerte Aspekte ihres Daseins. Die Stuckfassaden, die makellosen Häuserreihen von Belgravia und Kensington erschienen Phyllis passend für sie und ihresgleichen; für ein Leben, das gezwungen wurde, nach einem hässlichen Muster zu wachsen, damit es zur seriösen Hässlichkeit seiner Nachbarn passte. Wenn man aber hier in Bloomsbury wohnte – begann sie sich auszumalen und unterstrich ihre Gedanken, während ihre Droschke unter dem blassen Grün schattiger Bäume die großen, friedlichen Plätze querte, mit einer weiten Geste –, dann könnte man aufwachsen, wie man wollte. Hier gab es Raum und Freiheit, und im Glanz und Getöse der Strand sah sie die lebendige Realität der Welt, von denen ihr Stuck und ihre Säulen sie so vollständig abschirmten.

Die Droschke hielt vor einigen erhellten Fenstern, die an dem Sommerabend offen standen, so dass sich vom Lärm und Leben drinnen ein Teil auf den Bürgersteig ergoss. Sie wartete ungeduldig darauf, dass die Tür aufging, um sie herein und teilhaben zu lassen. Als sie jedoch im Zimmer stand, wurde sie sich ihres Äußeren bewusst, das, wie sie ohne hinzuschauen wusste, bei diesen Auftritten dem der Frauen glich, die Romney gemalt hatte. Sie sah sich den verrauchten Raum betreten, in dem Leute auf dem Fußboden saßen und der Gastgeber einen Jagdrock trug – ihren schelmischen kleinen Kopf hoch erhoben, den Mund wie für einen spöttischen Spruch gespitzt Ihre weiße Seide und die kirschroten Bänder fielen auf. Mit dem Gefühl, anders zu sein als die anderen, saß sie sehr schweigsam da und machte sich die Gelegenheiten, die man ihr im Gespräch bot, kaum zunutze. Immer wieder schweifte ihr Blick verwirrt über das Dutzend Menschen im Zimmer. Man unterhielt sich über einige Bilder, die gerade in einer Ausstellung zu sehen waren, und diskutierte ihren Wert von einem eher technischen Standpunkt aus. Wo sollte Phyllis anfangen? Sie hatte die Bilder zwar gesehen, aber wusste, dass ihre Plattheiten niemals den kritischen Fragen standhalten könnten, denen sie ausgesetzt wären. Und genauso klar war ihr, dass die weiblichen Schliche, mit denen sich so vieles verschleiern ließ, hier vollkommen deplatziert waren. Die Sache zog sich hin, denn die Diskussion war hitzig und ernst, und keiner der Kombattanten wollte sich von unlogischen Argumenten aus der Bahn werfen lassen. Sie saß da und schaute zu und fühlte sich wie ein Vogel mit gestutzten Flügeln und schlimmer, weil ehrlicher beklommen als je zuvor bei Bällen oder Spielen. Im Kopf ging ihr die bittere kleine Redensart um, dass sie sich zwischen zwei Stühle gesetzt hatte, doch versuchte sie trotzdem, sich mit nüchternem Verstand auf das zu konzentrieren, was gesprochen wurde. Rosamond gab ihr vom anderen Ende des Zimmers zu verstehen, dass es ihr genauso erging.

Schließlich verstummten die Diskutierenden, und das Gespräch wandte sich allgemeineren Dingen zu; aber niemand entschuldigte sich für die Intensität, die es gehabt hatte, und die Misses Hibbert fanden, dass auch bei der Unterhaltung über banalere Themen eine Tendenz zur Verächtlichkeit gegen alle Gemeinplätze herrschte und man nicht zögerte, diese offen zu äußern. Aber es war amüsant, und Rosamond schlug sich recht wacker beim Austausch über eine Person, auf die man zu sprechen kam, auch wenn sie überrascht war, dass man ihre tiefgründigsten Entdeckungen zum Ausgangspunkt weiterer Überlegungen machte und dass sie keineswegs den Schlusspunkt bildeten.

Überrascht und ein wenig bestürzt stellten die Misses Hibbert überdies fest, wie viel von ihrer Erziehung bei ihnen haftengeblieben war. Phyllis hätte sich dafür ohrfeigen können, als sie merkte, dass sie instinktiv einen Scherz über das Christentum missbilligt hatte, den die Tristrams machten und so leichthin mit Beifall bedachten, als wäre Religion etwas ganz Belangloses.

Noch erstaunter waren die Misses Hibbert jedoch über die Art, wie man ihren eigenen Geschäftsbereich behandelte, denn sie hatten angenommen, dass die »Tatsachen des Lebens« selbst in dieser seltsamen Atmosphäre von Bedeutung wären. Miss Tristram, eine junge Frau von großer Schönheit und eine sehr vielversprechende Künstlerin, diskutierte mit einem Herrn, der, soweit man beurteilen konnte, durchaus ein persönliches Interesse am Thema haben mochte, über die Ehe. Doch die Freiheit und Offenheit, mit der beide ihre Ansichten erläuterten und das gesamte Thema Liebe und Ehe erörterten, schien die ganze Angelegenheit in ein neues und einigermaßen erschreckendes Licht zu rücken. Es faszinierte die jungen Frauen mehr als alles, was sie je gehört oder gesehen hatten. Bislang hatten sie sich eingebildet, in dem Thema allseits und in jeder Hinsicht bewandert zu sein; aber das hier war nicht nur etwas Neues, sondern ohne Frage absolut unverfälscht.

»Ich habe noch nie einen Heiratsantrag bekommen, ich frage mich, wie das ist«, bekannte die jüngere Miss Tristram mit freimütiger, nachdenklicher Stimme, und Phyllis und Rosamond hatten das Gefühl, sie sollten zur Belehrung der Gesellschaft von ihren Erfahrungen berichten. Doch vermochten sie nicht, diesen seltsamen neuen Blickwinkel zu übernehmen, und außerdem waren ihre Erfahrungen ja auch vollkommen anders geartet. Für sie war Liebe etwas, das durch bestimmte, genau kalkulierte Handlungen eingefädelt wurde; sie wurde in Ballsälen gepflegt, in duftenden Wintergärten, durch Augen-Blicke, Fächer-Schläge und zögernde, vielsagende Töne. Hier aber war Liebe etwas Aufrechtes, Freimütiges, das bei hell-lichtem Tage, nackt und handfest, zu befühlen und betrachten war, wie es einem gefiel. Phyllis und Rosamond hegten große Zweifel, dass sie, selbst wenn sie frei wären zu lieben, wie sie wollten, auf diese Weise lieben könnten. Mit der Impulsivität der Jugend verurteilten sie sich dafür aufs Schärfste und be-schlossen, dass für sie jedes Freiheitsstreben vergeblich wäre, da die lange Gefangenschaft sie beide innerlich wie äußerlich verdorben hatte.

So saßen sie, ohne sich ihres Schweigens bewusst zu sein, wie von einem Fest Ausgeschlossene in der Kälte und im Wind; unsichtbar für die Feiernden im Haus. Tatsächlich je-doch wurde die Präsenz dieser schweigenden jungen Frauen mit ihren hungrigen Augen von allen Anwesenden als bedrü-ckend empfunden, auch wenn sie nicht genau wussten, wes-halb; vielleicht langweilten sie sich ja. Aber die Misses Trist-ram fühlten sich verantwortlich; und die jüngere, Miss Sylvia Tristram, raffte sich nach kurzem Flüstern zu einem vertrau-lichen Gespräch mit Phyllis auf. Phyllis schnappte danach wie ein Hund nach einem Knochen; ihr Gesicht hatte, während sie die Zeit dahinfliegen und sich außerstande sah, die Bedeu-tung dieses seltsamen Abends zu erfassen, einen ausgezehrten, heißhungrigen Ausdruck angenommen. Wenn sie schon nicht teilhaben konnte, so konnte sie vielleicht wenigstens erklären, was sie daran hinderte. Sie lechzte danach, sich selbst zu beweisen, dass es gute Gründe für ihr Unvermögen gab; und wenn sich erwies, dass Miss Sylvia trotz ihrer unpersönlichen Verallgemeinerungen eine reelle Frau war, bestand Hoffnung, dass sie sich eines Tages auf gemeinsamem Terrain begegnen könnten. Phyllis hatte, als sie sich zum Sprechen vorbeugte, das eigenartige Gefühl, in einer Masse gekünstelter Nichtigkeiten fieberhaft nach dem festen Kern ihres wahren Ichs zu suchen, den sie irgendwo verborgen wähnte.

»Oh, Miss Tristram«, begann sie, »Sie sind alle so gescheit. Es macht mir wirklich Angst.«

»Machen Sie sich über uns lustig?«, fragte Sylvia.

»Warum sollte ich mich über Sie lustig machen? Sehen Sie nicht, wie dumm ich mich fühle?«

Sylvia begann es zu sehen, und der Anblick interessierte sie.

»Sie führen ein so wundervolles Leben; es ist uns so fremd.«

Sylvia, die schrieb und ein literarisches Vergnügen darin fand, sich von fremden Spiegeln reflektiert zu sehen und dem Leben anderer den eigenen Spiegel vorzuhalten, machte sich mit Genuss an die Arbeit. Sie hatte die Hibberts bis dahin nie als Menschen gesehen, sondern als »junge Damen«. Nun war sie umso begieriger, ihren Fehler wettzumachen; aus Eitelkeit wie aus echter Neugier.

»Was machen Sie?«, fragte sie unverblümt, um sogleich zur Sache zu kommen.

»Was mache ich?«, wiederholte Phyllis. »Ach, ich gebe das Essen in Auftrag und kümmere mich um die Blumen.«

»Ja, aber was machen Sie beruflich?«, fragte Sylvia weiter, entschlossen, sich nicht mit Phrasen abfertigen zu lassen.

»Das *ist* mein Beruf; ich wünschte, es wäre nicht so! Wirklich, Miss Tristram, Sie müssen bedenken, dass die meisten jungen Frauen Sklavinnen sind; und Sie sollten mich nicht beleidigen, nur weil Sie zufällig frei sind.«

»Oh, bitte sagen Sie mir genau, was Sie meinen«, forderte Sylvia impulsiv. »Ich möchte es wissen. Ich liebe es, etwas über Menschen zu erfahren. Was einen interessiert, ist doch letztlich die menschliche Seele.«

»Ja«, sagte Phyllis, darum bestrebt, alle Theorien zu meiden. »Aber unser Leben ist so schlicht und so gewöhnlich. Sie müssen Dutzende kennen, die sind wie wir.«

»Ich kenne Ihre Abendkleider«, sagte Sylvia. »Ich sehe Sie in hübschen Prozessionen an mir vorüberziehen, aber ich habe Sie noch nie sprechen gehört. Sind Sie wirklich echt?« Sie spürte, dass sie Phyllis durch diesen Ton verunsicherte, und wählte einen anderen. »Wir sind doch eigentlich Schwestern. Aber warum unterscheiden wir uns äußerlich so sehr?«

»O nein«, entgegnete Phyllis bitter, »wir sind keine Schwestern. Zumindest würde mir das leidtun für Sie. Sehen Sie, wir werden bloß dazu erzogen, uns abends zu zeigen und charmant zu plaudern und, nun ja, zu heiraten vermutlich. Und natürlich hätten wir studieren können, wenn wir gewollt hätten; aber da wir nicht wollten, sind wir bloß wohlerzogen.«

»Wir haben auch nicht studiert«, sagte Sylvia.

»Und wohlerzogen sind Sie auch nicht? Gewiss sind Sie und Ihre Schwester das Wahre, und Rosamond und ich sind das Falsche: Das gilt wenigstens für mich. Aber begreifen Sie das jetzt nicht alles, und sehen Sie nicht, was für ein ideales Leben Sie haben?«

»Ich verstehe nicht, warum Sie nicht auch machen sollten, was Sie wollen, so wie wir«, sagte Sylvia und ließ ihren Blick durch den Raum wandern.

»Glauben Sie, wir könnten Leute zu uns einladen, so wie Sie hier? Wir können doch nicht einmal eine Freundin zu uns bitten, es sei denn, die Eltern wären verreist.«

»Warum nicht?«

»Zum einen haben wir kein Zimmer; und außerdem würde man es uns nie erlauben. Wir sind Töchter, bis wir zu Ehefrauen werden.«

Sylvia betrachtete sie ein wenig grimmig. Phyllis begriff, dass sie mit der falschen Art von Offenheit über Liebe gesprochen hatte.

»Wollen Sie heiraten?«, fragte Sylvia.

»Das fragen Sie noch? Sie unschuldiges junges Ding! – Aber natürlich haben Sie vollkommen Recht. Es sollte aus Liebe geschehen und so weiter. Doch so«, sagte Phyllis, sich verzweifelt an die Wahrheit haltend, »können wir es nicht sehen. Wir wollen so viele Dinge, dass wir die Ehe nicht isoliert sehen können, wie sie wirklich ist oder sein sollte. Sie ist immer mit so vielem anderen vermischt. Sie bedeutet Freiheit und Freunde und ein eigenes Zuhause und, oh, all das, was Sie schon haben! Klingt das für Sie sehr schrecklich und sehr berechnend?«

»Ja, es klingt ziemlich schrecklich, aber dass es berechnend klingt, finde ich nicht. Wenn ich an Ihrer Stelle wäre, würde ich schreiben.«

»Oh, da preschen Sie schon wieder los, Miss Tristram!«, rief Phyllis in komischer Verzweiflung. »Es gelingt mir nicht, Ihnen begreiflich zu machen, dass uns erstens der Verstand fehlt; und dass wir ihn zweitens, wenn wir ihn hätten, nicht benutzen könnten. Glücklicherweise hat uns der liebe Herrgott genau passend zu unserem Los erschaffen. Rosamond hätte vielleicht etwas machen können; aber jetzt ist sie zu alt.«

»Mein Gott«, rief Sylvia. »Was für ein schwarzes Loch! Ich würde Feuer legen, um mich schießen, aus dem Fenster springen; wenigstens irgendetwas tun!«

»Ach ja?«, fragte Phyllis höhnisch. »Wenn Sie in unserer Situation wären, vielleicht; aber das könnte nie geschehen. O nein«, fuhr sie in leichterem, zynischerem Ton fort, »so ist unser Leben, und wir müssen das Beste daraus machen. Ich möchte nur, dass Sie verstehen, weshalb wir hierherkommen und schweigend dasitzen. Sehen Sie, dies hier ist das Leben, das wir gern führen würden; aber ich bezweifle jetzt, dass wir es könnten. Für Sie«, Phyllis deutete auf alle im Raum, »sind wir bloße Modepuppen; und das stimmt auch – fast. Aber wir hätten etwas Besseres werden können. Traurig, nicht wahr?« Sie lachte ihr kleines, trockenes Lachen.

»Aber versprechen Sie mir eins, Miss Tristram: dass Sie kommen werden, um uns zu besuchen, und dass wir manchmal herkommen dürfen. Rosamond, komm, wir müssen jetzt wirklich gehen.«

Sie gingen, und in der Droschke wunderte sich Phyllis ein wenig über ihren Ausbruch; allerdings mit dem Gefühl, dass sie ihn genossen hatte. Sie waren beide recht aufgekratzt und begierig darauf, ihr Unbehagen zu analysieren, um herauszufinden, was es wohl bedeutete. Am Abend zuvor waren sie um die gleiche Stunde schlechter gelaunt und zugleich selbstzufriedener heimgefahren; was sie getan hatten, hatte sie gelangweilt, aber sie wussten, dass sie es gut gemacht hatten. Und sie hatten das befriedigende Gefühl gehabt, für weit Besseres geschaffen zu sein. Heute war ihnen nicht langweilig gewesen; aber sie hatten nicht das Gefühl, sich gut bewährt zu haben, als sich die Gelegenheit bot. Die Schlafzimmerkonferenz fiel ein wenig bedrückt aus; Phyllis hatte im Vordringen zu ihrem wahren Ich einen kalten Luftstoß in diese streng behütete Kammer eingelassen; was wollte sie wirklich?, fragte sie sich. Wozu eignete sie sich? – Dazu, beide Welten kritisch zu beäugen und zu meinen, keine der beiden würde ihr bieten, was sie brauchte. Sie war zu deprimiert, um ihrer Schwester zu erklären, wie ihr zumute war; ihr Anfall von Ehrlichkeit hatte das Gefühl ausgelöst, dass Reden nichts half; wenn sie etwas tun konnte, dann allein aus sich heraus. Ihr letzter Gedanke an diesem Abend war, wie erleichternd es doch war, dass Lady Hibbert morgen für sie einen vollen Tag geplant hatte: Da musste sie wenigstens nicht denken, und Gesellschaften am Fluss waren amüsant.

aus dem Englischen von Karen Nölle

Katherine Mansfield
HERR UND FRAU TAUBE

Natürlich wusste niemand besser als er selbst, dass er nicht den Hauch einer Chance hatte, nicht den allerkleinsten. Allein die Vorstellung war absurd. So absurd, dass er vollstes Verständnis dafür hätte, wenn ihr Vater – nun ja, egal, was ihr Vater zu tun beliebte, er würde vollstes Verständnis dafür haben. Ohnehin hatten ihn nur die Verzweiflung, nur die Tatsache, dass dies für Gott-weiß-wie-lange sein allerletzter Tag in England war, zu diesem Schritt getrieben. Und selbst unter diesen Umständen ... Er öffnete eine Schublade seiner Kommode, wählte ein blau und cremeweiß kariertes Band und setzte sich auf den Rand seines Bettes. »Was für eine Frechheit!« – Würde es ihn überraschen, wenn das ihre Antwort auf seine Frage wäre? Kein bisschen, entschied er, klappte seinen Kragen hoch, legte das karierte Band um und klappte den Kragen darüber. Etwas in der Art würde sie mit Sicherheit antworten, denn wenn er die Sache ganz und gar nüchtern betrachtete, konnte sie gar nichts anderes sagen.

Also dann! Nervös knotete er das Band zur Fliege, strich sich energisch und mit beiden Händen die Haare glatt und richtete die Taschenklappen seines Jacketts. Er verdiente zwischen 500 und 600 Pfund. Auf einer Obstfarm in Rhodesien. Ausgerechnet Rhodesien. Auch besaß er keinerlei Vermögen. Würde keinen Penny erben. Mit einem höheren Einkommen konnte er frühestens in vier Jahren rechnen. Und sein Aussehen – nun, im Grunde war er doch bereits disqualifiziert. Nicht mal seine Gesundheit war erstklassig, denn die Sache in Ostafrika hatte ihn so sehr mitgenommen, dass er sich eine sechsmonatige Auszeit hatte nehmen müssen. Er war noch immer erschreckend blass – blasser noch als sonst an diesem Nachmittag, dachte er, als er sich vorbeugte und in den Spiegel blickte. Du lieber Himmel! Was war geschehen? Seine Haare waren beinahe giftgrün. Unfug, natürlich hatte er keine grünen Haare. Das war nun wirklich übertrieben. Grünliches Licht brach sich in der Fensterscheibe, es war der Schatten des Baumes vor dem Fenster. Reggie wandte sich ab und griff nach seinem Zigarettenetui, als ihm auch schon einfiel, wie sehr die Mutter es hasste, wenn er in seinem Schlafzimmer rauchte. Er steckte das Etui wieder ein und wanderte zur Kommode hinüber. Nein, für sein Leben wollte ihm kein einziges Argument einfallen, das für ihn sprach, während sie ... Ach! ... Jäh blieb er stehen, verschränkte die Arme und lehnte sich schwer gegen die Kommode.

Und trotz ihres Standes, trotz ihres Vaters Reichtum, trotz der Tatsache, dass sie ein Einzelkind und bei weitem das beliebteste Mädchen in der Gegend war; trotz ihrer Schönheit und Klugheit – ja, Klugheit! – aber es war noch viel mehr als das, es gab wirklich nichts, was sie nicht konnte, er glaubte fest daran, dass sie sich in allem, was sie je anzufassen gedachte, als Genie erweisen würde. Und sie und ihre Eltern vergötterten einander. Ehe die sie gehen ließen, in so weite Ferne noch dazu, würden sie … Trotz all dieser Bedenken wollte es ihm nicht gelingen, die Hoffnung ganz und gar aufzugeben, so ungeheuer war seine Liebe. Aber war es überhaupt Hoffnung, die ihn antrieb? Oder war dieses halb unterdrückte, eigenartige Sehnen dànach, sich um sie kümmern zu dürfen, es zu seiner Lebensaufgabe zu machen, dass es ihr an nichts fehlte und dass ihr nichts zustieße, was ihr Glück trüben könnte –, war es schlicht Liebe? Wie sehr er sie liebte! Er drückte sich an die Kommode und sprach flüsternd zum Möbelstück: »Ich liebe sie, ich liebe sie.« Und für einen Augenblick war er mit ihr gemeinsam auf dem Weg nach Umtali. Es war Nacht. Sie saß in einer Ecke und schlief, ihr weiches Kinn war in den weichen Kragen geschmiegt, die goldbraunen Wimpern lagen auf ihren Wangen. Diese zierliche, kleine Nase, diese perfekt geformten Lippen, das zarte Babyohr und die goldbraune Strähne, die es nur halb bedeckte – wie sehr er das alles anbetete. Sie fuhren durch den Dschungel. Es war warm, dunkel, und sie waren weit weg. Dann wachte sie auf. Sie sagte: »Habe ich geschlafen?«, und er antwortete: »Ja, geht es dir gut? Warte, lass mich –« Er beugte sich vor, um … Er beugte sich über sie. Die Vorstellung machte ihn so selig, dass er nicht weiterträumen konnte, aber der Traum gab ihm den Mut, die Treppe hinunterzueilen, im Flur seinen Strohhut zu schnappen und sich beim Schließen der Tür zu sagen: »Nun, es bleibt mir wohl nichts übrig, als mein Glück zu versuchen.«

Doch kaum einen Augenblick später versetzte ihm sein Schicksal einen Dämpfer. Auf dem Gartenweg spazierte, gefolgt von ihren steinalten Pekinesen Chinny und Biddy, seine Mutter. Natürlich hatte Reginald nichts gegen seine Mutter, er mochte sie. Sie … ja, sie meinte es gut, sie besaß eisernes Durchhaltevermögen und so weiter. Aber es war eben auch nicht abzustreiten, dass sie eine ausgesprochen strenge Mutter war, und es hatte nicht wenige Situationen in Reggies Leben gegeben, insbesondere bevor sein Onkel Alick gestorben war und ihm die Farm vermacht hatte, in denen er sich keine schlimmere Strafe für einen jungen Mann hatte denken können, als jene, der einzige Sohn einer Witwe zu sein. Schlimmer noch war, dass er niemanden hatte außer ihr. Sie hatte ihm nicht nur Vater und Mutter zugleich sein müssen, sondern sich, noch bevor Reggie auch nur die eigenen Schnürsenkel hatte binden können, mit ihrer und des Vaters gesamten Familie zerstritten. So blieb Reggie, wenn er drüben unter den Sternen auf der Veranda saß und voll Heimweh lauschte, wie das Grammofon wehmütig »Dear, what is Life but Love?« spielte, niemand, an den er denken konnte, als die Mutter, wie sie groß und stämmig, Chinny und Biddy wie immer an ihren Fersen, emsig den Gartenweg entlangschritt …

Soeben im Begriff, das verwelkte Köpfchen irgendeiner Pflanze abzuknipsen, verharrte sie bei Reggies Anblick mit gespreizter Schere.

»Du wirst doch nicht ausgehen, Reginald?«, fragte sie, obwohl sie klar erkannt hatte, dass er im Begriff war, genau das zu tun.

»Zum Tee bin ich zurück, Mutter«, sagte Reggie kleinlaut und versenkte die Hände in den Taschen seines Jacketts.

Schnipp. Schon war ein Kopf ab. Reggie zuckte zusammen.

»Man sollte meinen, du hättest deinen letzten Nachmittag deiner Mutter widmen können«, sagte sie.

Stille. Die Pekinesen glotzten. Sie verstanden jedes Wort der Mutter. Biddy lag am Boden, so fett und glänzend wie ein halb geschmolzenes Sahnebonbon. Die Zunge hing ihr aus dem Maul. Chinnys Porzellanaugen hingegen musterten ihn finster, und er schnüffelte leise, als wäre die ganze Welt ein einziger unangenehmer Geruch. Schnipp, machte die Schere erneut. Die armen Dinger; jetzt kriegten sie es ab!

»Und wohin bist du des Weges, wenn deine Mutter fragen darf?«, fragte die Mutter.

Schließlich war es überstanden, aber Reggie verlangsamte seinen Schritt erst, als er außer Sichtweite war und schon den halben Weg zum Haus von Colonel Proctor zurückgelegt hatte. Erst dann bemerkte er, was für ein erstklassiger Nachmittag es war. Es hatte den ganzen Vormittag geregnet, ein warmer, heftiger, rascher Spätsommerregen. Nun war der Himmel bis auf einen langen Schweif kleiner Wölkchen, die wie kleine Entlein über den Wald hinwegsegelten, vollkommen klar. Auch ging ein leichter Wind, gerade stark genug, um die letzten Tropfen von den Bäumen zu schütteln, und im selben Moment platschte ein solcher warmer Stern auf seine Hand. Tock! – ein weiterer landete auf seinem Hut. Die leere Straße glänzte, die Heckenrosen dufteten, und wie stattlich die Stockrosen in den Landhausgärten prangten und leuchteten. Und da war er auch schon – er hatte Colonel Proctors Haus erreicht. Als er die Hand auf das Gartentor legte, streifte sein Ellbogen den Pfeifenstrauch, und sogleich war der Ärmel seiner Jacke von Blütenstaub und Blütenblättern übersät. Aber Moment mal. Das ging ohnehin alles zu schnell. Hatte er sich doch vorgenommen, die ganze Sache im Geiste noch einmal durchzuspielen.

Immer mit der Ruhe. Und doch fand er sich bereits auf dem Weg, gigantische Rosenbüsche links und rechts. So wird das nicht funktionieren. Und doch hatte seine Hand bereits nach der Türglocke gegriffen. Sie läutete so eindringlich, als sei er gekommen, um zu verkünden, das Haus stehe in Flammen. Zu allem Überfluss war offenbar das Hausmädchen gerade im Flur gewesen, denn die Haustür flog auf, und Reggie wurde, noch bevor die verfluchte Glocke zu läuten aufgehört hatte, im verlassenen Salon abgestellt. Als sie dann endlich verstummte, geschah etwas Seltsames mit ihm: Das geräumige, ein wenig dunkle Zimmer mit dem Flügel, auf dem irgendjemandes Sonnenschirm lag, entfaltete eine belebende Wirkung auf ihn, ja kitzelte seine Nerven. Wie ruhig es hier war, obwohl doch jeden Moment die Tür aufgehen und sein Schicksal sich entscheiden würde. Es war ein wenig wie beim Zahnarzt; er fühlte sich regelrecht draufgängerisch. Und doch – er mochte es selbst kaum glauben – hörte er sich plötzlich sagen: »Herr, Du weißt, dass Du bisher wenig für mich getan hast ...« Das brachte ihn wieder zu sich, ihm wurde klar, dass es jetzt wirklich um alles oder nichts ging. Zu spät. Der Türknauf drehte sich. Anne trat ein, durchquerte das Halbdunkel, das zwischen ihnen lag, und gab ihm die Hand. Mit ihrer leisen, weichen

Stimme sagte sie: »Es tut mir leid, Vater ist ausgegangen. Und Mutter ist in der Stadt. Auf Hutjagd. Da wirst du mit mir vorliebnehmen müssen, Reggie.«

Reggie schnappte nach Luft, drückte den Hut an die Brust und stotterte: »Eigentlich bin ich bloß gekommen, um Auf Wiedersehen zu sagen.«

»Oh!«, rief Anne leise. Sie trat einen Schritt zurück, die grauen Augen in Unruhe. »Das war ein sehr kurzer Besuch in England.«

Dann, noch während sie ihn so ansah, neigte sie das Kinn und lachte leise. Ein unverblümtes, ausdauerndes Lachen. Sie entfernte sich von ihm, lehnte sich an den Flügel und begann mit der Quaste des Sonnenschirms zu spielen.

»Es tut mir so leid«, sagte sie. »Ich weiß nicht, warum ich lache. Es ist einfach eine schlechte A-Angewohnheit.« Unvermittelt stampfte sie auf, rammte den grauen Schuh regelrecht in den Boden und nahm ein Taschentuch aus der weißen Wolljacke. »Ich muss das unbedingt in den Griff bekommen, es ist einfach zu albern.«

»Du lieber Himmel, Anne«, rief Reggie, »ich liebe es, dich lachen zu hören! Ich kann mir nichts …«

In Wahrheit, und das wussten sie beide, war es gar keine Angewohnheit, sie lachte gar nicht ständig. Erst, seit sie einander begegnet waren. Vom ersten Moment an hatte Anne über ihn gelacht. Der Grund war ihm, so sehr er sich auch wünschte, ihn zu erfahren, bislang verborgen geblieben. Warum nur? Ganz egal, wo sie sich befanden, worüber sie sprachen, selbst im ernsthaftesten Gespräch – todernst in diesem Fall, wenigstens aus seiner Sicht – sah sie ihn an, und schon kam dieses Beben über ihr Gesicht. Ihre Lippen öffneten sich, ihre Augen funkelten, und sie begann zu lachen.

Was es noch seltsamer machte, war, dass Reggie sich ziemlich sicher war, dass sie selbst nicht wusste, warum sie lachte. Er hatte beobachtet, wie sie sich abwandte, sich in die Wangen biss oder die Hände zusammenpresste. Doch es half nichts. Das ausgiebige, weiche Lachen gewann die Oberhand, während sie noch rief: »Ich weiß gar nicht, warum ich lache.« Es war ein Rätsel …

Sie steckte das Taschentuch weg.

»Setz dich doch«, sagte sie, »und rauch, wenn du magst. In der kleinen Kiste neben dir sind Zigaretten. Ich nehme auch gern eine.« Er entzündete ein Streichholz, und als sie sich vorbeugte, bemerkte er das winzige Abbild der Flamme in der Perle ihres Rings. »Deine Abreise ist … morgen, richtig?«, sagte Anne.

»Ja, morgen, daran ist nichts zu rütteln«, sagte Reggie und blies ein Rauchfähnchen. Warum, um alles in der Welt, war er so nervös? Obwohl nervös eigentlich der falsche Ausdruck war.

»Es, es ist schrecklich schwer zu glauben«, setzte er hinzu.

»Ja – nicht wahr?«, sagte Anne leise. Sie beugte sich vor und rollte das Ende ihrer Zigarette in dem grünen Aschenbecher hin und her. Wie schön sie wieder war! Einfach schön. Und wie zart sie in dem riesigen Stuhl wirkte. Reginalds Herz wollte platzen vor lauter Zärtlichkeit, aber es war ihre Stimme, ihre weiche Stimme, die ihn erzittern ließ. »Es fühlt sich an, als wärst du jahrelang hier gewesen«, sagte sie.

Reginald nahm einen tiefen Zug von seiner Zigarette. »Der Gedanke, wieder zurück zu müssen, ist entsetzlich«, sagte er. Mitten in die Stille hinein machte es »*Gurr-gurr-guuu-rrr*«. »Aber du bist doch gern dort, oder nicht?«, sagte Anne. Sie drehte ihre Perlenkette um einen Finger. »Neulich Abend sagte der Vater noch, wie gut du es getroffen hast, so ganz auf eigenen Füßen stehen zu können.« Nun sah sie zu ihm auf. Reginalds Lächeln war ein wenig fahl. »Wie ein Glückspilz fühle ich mich eigentlich nicht«, sagte er mit schwacher Stimme.

»*Guuu-rrr-gurr-gurr.*« Da war es wieder. »Ich verstehe«, murmelte Anne. »Es ist einsam dort.«

»Ach, die Einsamkeit setzt mir eigentlich nicht weiter zu«, sagte Reginald und drückte seine Zigarette grob in den grünen Aschenbecher. »Einsamkeit kann ich gut ertragen, früher habe ich sie sogar genossen. Es ist die Vorstellung –« Zu seinem Entsetzen fühlte er sich plötzlich erröten.

»*Gurrrrrrrrr! Gurrrrrrrr!*« Anne sprang auf. »Komm, verabschiede dich von meinen Tauben«, sagte sie. »Wir haben sie jetzt auf der seitlichen Veranda untergebracht. Du magst doch Tauben, nicht wahr, Reggie?«

»Sehr«, sagte Reggie so leidenschaftlich, als er die Verandatür öffnete, dass Anne an ihm vorbeilief und die Tauben mit ihrem Lachen bedachte.

Auf dem feinen, roten Sand am Boden des Taubenverschlages spazierten die beiden Vögel hin und her und hin und her. Eine Taube lief der anderen stets voraus. Sie rannte ein Stück und stieß dabei einen kleinen Ruf aus. Die andere folgte und verbeugte sich feierlich ein ums andere Mal. »Schau«, erklärte

Anne, »die, die vorwegläuft, ist Frau Taube. Sie sieht Herrn Taube an, lacht ein wenig und läuft dann los. Er läuft hinterher und verbeugt sich dazu. Und das bringt sie erneut zum Lachen. Sie rennt und er hinterher«, rief Anne und ließ sich wieder in die Hocke sinken. »Da kommt er wieder, der arme Herr Taube, und verbeugt sich und verbeugt sich ... Darin besteht ihr Leben. Sie tun nie etwas anderes, verstehst du?« Anne stand auf, nahm ein paar gelbe Körner aus einem Sack auf dem Dach des Verschlages. »Wenn du wieder in Rhodesien bist und an sie denkst, lieber Reggie, dann kannst du dir sicher sein, dass sie genau das tun ...«

Reggie schien weder die Tauben zu sehen noch ihre Worte zu hören. Seine ganze Aufmerksamkeit war in diesem Moment auf den immensen Kraftakt gerichtet, den es brauchte, sich das Geheimnis aus dem Herzen zu reißen und sich ihr zu offenbaren. »Anne, glaubst du, dass ich dir je etwas bedeuten könnte?« So. Es war vollbracht. Und während der kleinen darauf folgenden Pause sah Reginald den Garten aufleuchten, den blauen Himmel erbeben, das Zittern der Blätter an den Säulen der Veranda und Anne, die die Maiskörner in ihrer Hand mit einem Finger hin und her bewegte. Ganz langsam schloss sie die Hand. Und als sie dann ebenso langsam flüsterte, »Nein, niemals auf diese Art«, verblasste die strahlende neue Welt, die sich ihm eben noch gezeigt hatte. Doch blieb ihm kaum Zeit, irgendetwas zu empfinden, denn Anne entfernte sich hastig. Er folgte ihr die Stufen hinunter, den Gartenpfad entlang unter den Rosenbögen mit ihren pinken Blüten hindurch und quer über den Rasen. An der bunten Staudenrabatte drehte Anne sich zu ihm um. »Es ist nicht so, dass ich dich nicht wahnsinnig gern hätte«, sagte sie. »Aber« – sie sah ihn mit großen Augen an – »nicht so« – ein Beben erfasste ihr Gesicht – »wie man ...« Ihre Lippen öffneten sich, und sie konnte nicht mehr an sich halten. »Da hast du es, siehst du?«, rief sie. »Es ist deine ... deine karierte Fliege. Selbst in einem Moment wie diesem, wo man doch ganz und gar ernst sein sollte, erinnert mich deine Fliege ganz schrecklich an solche, wie sie Katzen auf Bildern tragen! Ach, bitte verzeih mir, dass ich so grässlich bin. Bitte!«

Reggie gelang es, eine ihrer kleinen, warmen Hände zu fassen. »Es gibt nichts zu verzeihen«, sagte er schnell. »Nicht das Geringste. Und – ich meine sogar zu wissen, warum ich dich zum Lachen bringe. Es liegt daran, dass du mir in so vieler Hinsicht überlegen bist, dass ich neben dir irgendwie lächerlich wirke. Ich verstehe das, Anne. Aber wenn ich nun –«

»Nein, nein.« Energisch drückte Anne seine Hand. »Das ist es nicht. Das ist doch Unsinn. Ich bin dir in keiner Form überlegen. Du bist viel besser als ich. Du bist so wunderbar selbstlos und ... und lieb und unkompliziert. Ich bin nichts von alledem. Du kennst mich nicht. Ich bin eine entsetzliche Person«, sagte Anne. »Bitte unterbrich mich nicht. Und außerdem geht es überhaupt nicht darum. Es ist bloß –« Sie schüttelte den Kopf. »Wie könnte ich denn einen Mann heiraten, über den ich so oft gelacht habe? Das verstehst du doch sicherlich. Der Mann, den ich heirate –«, hauchte sie. Sie stockte, entzog ihm ihre Hand und blickte ihn mit einem seltsam träumerischen Lächeln an. »Der Mann, den ich heirate ...«

Reggie war, als hätte sich ein großer, gutaussehender, geistreicher Fremder vor ihn geschoben und seinen Platz eingenommen – die Art von Mann, die er und Anne so oft im Theater gesehen hatten. Einer, der aus dem Nichts heraus auf die Bühne trat, die Heldin wortlos in die Arme schloss und sie nach einem einzigen, langen, imposanten Blick von dannen führte ...

Diese Vorstellung überzeugte Reggie. »Ja, das verstehe ich«, sagte er heiser.

»Wirklich?«, fragte Anne. »Ach, das hoffe ich so sehr. Denn ich fühle mich so schrecklich deshalb. Es ist so schwer zu erklären. Weißt du, ich habe nie –« Sie hielt inne. Reggie sah sie an. Sie lächelte. »Ist es nicht seltsam?«, sagte sie. »Mit dir kann ich über alles reden. Von Anfang an ist das so gewesen.«

Er versuchte zu lächeln, wie um zu sagen: Das freut mich. Sie fuhr fort: »Noch nie ist mir jemand begegnet, den ich so sehr gemocht habe wie dich. Und noch nie bin ich so glücklich mit jemandem gewesen. Aber ich glaube nicht, dass das gemeint ist, wenn in Büchern über die Liebe gesprochen wird. Verstehst du? Ach, wenn du nur wüsstest, wie schrecklich ich mich fühle. Aber wir wären wie ... wie Herr und Frau Taube.«

Das saß. Reginald konnte kaum ertragen, wie endgültig, wie schrecklich wahr das klang. »Lass es gut sein«, sagte er, wandte sich von ihr ab und schaute über den Rasen. Da stand das Gärtnerhäuschen, daneben der dunkle Ilex. Ein feuchter, blauer Finger aus durchsichtigem Rauch hing über dem Schornstein. Es wirkte surreal. Wie seine Kehle schmerzte. Konnte er überhaupt sprechen? Er versuchte es: »Ich sollte nach Hause gehen«, krächzte er und entfernte sich. Aber Anne folgte ihm. »Nein, nicht. Du kannst noch nicht gehen«, sagte sie flehentlich. »Du darfst auf keinen Fall mit einem so schlechten Gefühl fortgehen.« Ihr Blick war finster, sie kaute auf ihrer Lippe.

»Ach, es geht schon«, sagte Reggie und schüttelte sich leicht. »Ich werde … ich –« Er fuhr mit der Hand durch die Luft, um etwas zu sagen wie »darüber hinwegkommen«.

»Aber es ist so furchtbar«, sagte Anne. Händeringend stand sie vor ihm. »Dir ist doch bestimmt auch klar, wie fatal es wäre, wenn wir beide heirateten, oder etwa nicht?«

»O ja, sicher. Sicher«, sagte Reggie und sein Blick wirkte benommen.

»Wie unrecht sich das anfühlt. Wie gemein. Ich sollte nicht so empfinden. Es mag ja gut und schön sein für Herrn und Frau Taube. Bloß stell dir das im echten Leben vor – stell es dir vor!«

»O ja, natürlich«, sagte Reggie und entfernte sich weiter. Doch abermals zwang Anne ihn, innezuhalten. Sie zog an seinem Ärmel, und zu seinem Erstaunen wirkte sie nicht, als würde sie gleich zu lachen beginnen. Sie sah aus wie ein kleines Mädchen. Den Tränen nahe.

»Aber wenn du es doch verstehst, warum bist du so … so unglücklich?«, jammerte sie. »Warum bekümmert es dich so sehr? Warum siehst du so … so elend aus?«

Reggie schluckte und versuchte erneut, etwas wegzuwischen. »Ich kann nichts dafür«, sagte er, »es trifft mich. Wenn ich jetzt verschwinde, kann ich –«

»Wie kannst du jetzt von Verschwinden reden?«, sagte Anne vorwurfsvoll. Sie stampfte mit dem Fuß auf, hochrot im Gesicht. »Wie kannst du nur so grausam sein? Ich kann dich nicht gehen lassen, bevor ich nicht weiß, dass du ebenso glücklich bist, wie du es warst, bevor du mich gefragt hast, ob ich dich heiraten will. Das musst du einsehen. Das ist doch logisch.«

Für Reginald war es ganz und gar nicht logisch. Es schien ihm nahezu unmöglich.

»Selbst wenn ich dich nicht heiraten kann, wie soll ich damit leben, dass du so weit weg bist und niemanden hast, dem du schreiben kannst, als deine schreckliche Mutter. Dass du traurig bist und dass es alles meine Schuld ist?«

»Es ist nicht deine Schuld. Bitte denk das nicht. Es ist einfach Schicksal.« Reggie nahm ihre Hand von seinem Ärmel und küsste sie. »Ich bitte dich, bemitleide mich nicht, liebe kleine Anne«, sagte er sanft. Und diesmal rannte er förmlich, unter den pinken Rosenbögen hindurch, den Gartenpfad entlang.

»*Gurrrrrrrrr! Gurrrrrrrr!*«, klang es von der Veranda. »Reggie, Reggie«, aus dem Garten.

Er blieb stehen, er drehte sich um. Und als sie seinen verwirrten, schüchternen Blick sah, lachte sie leise. »Komm zurück, Herr Taube«, sagte Anne. Und langsam ging Reginald über den Rasen auf sie zu.

aus dem Englischen von Sabine Kray

Dorothy Parker

DA WÄREN WIR

Der junge Mann in dem neuen blauen Anzug kam damit zu
Ende, die glänzenden Gepäckstücke in sicheren Ecken des Ab-
teils erster Klasse zu verstauen. Der Zug hatte sich in Kurven
geworfen und auf gerade Streckenabschnitte gestürzt und dabei die Bewahrung des Gleichgewichts zu einer anerkennens-
werten und prekären Leistung gemacht; und der junge Mann
hatte die Reisetaschen mit konzentrierter Sorgfalt gehoben
und gedrückt und geschoben und gerückt.

Gleichwohl sind acht Minuten eine lange Zeit, um zwei
Koffer und eine Hutschachtel unterzubringen.

Er setzte sich, an rauen grünen Plüsch zurückgelehnt, auf
den Platz gegenüber dem Mädchen in Beige. Sie sah so neu aus
wie ein gepelltes Ei. Ihr Hut, ihr Pelz, ihr Kleid, ihre Handschu-
he schimmerten und starrten vor Neuheit. Auf dem gewölbten
Teil der dünnen, glatten Sohle des einen beigen Schuhs kleb-
te ein kleines Rechteck aus weißem Papier, auf dem der Preis
stand, der für den Pumps und sein Gegenstück festgesetzt und
bezahlt worden war, und der Name des Geschäfts, das beide
geliefert hatte.

Sie hatte hingerissen aus dem Fenster gestarrt und die großen verwitterten Reklametafeln verschlungen, die Errungenschaften wie Kabeljau ohne Gräten und Drahtgitter, denen kein Rost etwas anhaben kann, lobpriesen. Als sich der junge Mann setzte, wandte sie sich artig von der Scheibe ab, sah ihm in die Augen, begann ein Lächeln und brachte es etwa halb zuwege und ließ ihren Blick knapp oberhalb seiner rechten Schulter ruhen.

»Tja!«, sagte der junge Mann.

»Tja!«, sagte sie.

»Tja, da wären wir«, sagte er.

»Da wären wir«, sagte sie. »Stimmt's?«

»Und ob das stimmt«, sagte er. »Jawoll. Da wären wir.«

»Tja!«, sagte sie.

»Tja!«, sagte er. »Tja. Wie fühlt man sich denn so als alte verheiratete Frau?«

»Oh, es ist noch zu früh, um mich danach zu fragen«, sagte sie. »Jedenfalls – ich meine. Na ja, ich meine nur, du liebe Güte, wir sind doch erst ungefähr drei Stunden verheiratet, stimmt's?«

Der junge Mann studierte seine Armbanduhr, als hätte er gerade erst die Fertigkeit der Zeitbestimmung erlernt.

»Wir sind jetzt«, sagte er, »genau zwei Stunden und sechsundzwanzig Minuten verheiratet.«

»Ach«, sagte sie. »Es scheint schon länger zu sein.«

»Nein«, sagte er. »Es ist ja noch nicht einmal halb sechs.«

»Es kommt mir viel später vor«, sagte sie. »Ich glaube, das ist, weil es schon so früh dunkel wird.«

»Das trifft tatsächlich zu«, sagte er. »Die Nächte werden von nun an ziemlich lang sein. Ich meine. Ich meine nur – es wird eben schon früh dunkel.«

»Ich hatte keine Ahnung, wie viel Uhr es ist«, sagte sie. »Alles ging so durcheinander, ich weiß irgendwie gar nicht, wo ich bin oder was überhaupt los ist. Zurück von der Kirche, und dann alle diese Menschen, und dann das ganze Umziehen, und dann von allen beworfen werden und dergleichen. Du liebe Güte, ich verstehe nicht, wie man das jeden Tag tun kann.«

»Was tun kann?«, sagte er.

»Heiraten«, sagte sie. »Wenn man an all die Menschen denkt, überall auf der Welt, die einfach heiraten, als ob es nichts wäre. Chinesen und jedermann. Als ob es einfach gar nichts wäre.«

»Na, wir wollen uns mal nicht den Kopf zerbrechen über Menschen überall auf der Welt«, sagte er. »Lass uns doch nicht über einen Haufen Chinesen nachdenken. Wir können doch an etwas Besseres denken. Ich meine. Ich meine nur – was gehen die uns schon an?«

»Ich weiß ja«, sagte sie. »Aber ich musste nur irgendwie daran denken, wie sie alle, allüberall, es ständig tun. Jedenfalls, ich meine – heiraten, weißt du. Und es ist – es ist eben irgendwie so eine große Sache, dass einem ganz komisch wird. Man denkt daran, wie sie, sie alle, es alle einfach tun, als ob es gar nichts wäre. Und wer von ihnen weiß schon, was anschließend passiert?«

»Sollen sie sich doch den Kopf zerbrechen«, sagte er. »Wir haben das nicht nötig. Wir wissen sehr wohl, was anschließend passiert. Ich meine. Ich meine nur – wir wissen eben, dass es toll wird. Wir wissen eben, dass wir glücklich werden. Stimmt's?«

»Ja, natürlich«, sagte sie. »Man denkt nur an all die Menschen, und man muss irgendwie dauernd daran denken. Dabei wird einem ganz komisch zumute. Bei furchtbar vielen Leuten, die heiraten, da läuft es eben nicht so gut. Und ich glaube, dass sie alle gedacht haben müssen, es würde toll.«

»Jetzt lass das doch«, sagte er. »So fängt man doch keine Hochzeitsreise an, mit derart viel Nachdenken. Sieh dir uns an – richtig verheiratet und alles erledigt. Ich meine. Die Hochzeit erledigt und all das.«

»Ach, es war schön, stimmt's?«, sagte sie. »Hat dir mein Schleier auch wirklich gefallen?«

»Du hast toll ausgesehen«, sagte er. »Einfach toll.«

»Oh, da bin ich aber schrecklich froh«, sagte sie. »Ellie und Louise haben entzückend ausgesehen, stimmt's? Ich bin schrecklich froh, dass sie sich doch noch für Rosa entschieden haben. Sie haben einfach entzückend ausgesehen.«

»Du, hör mal«, sagte er. »Ich möchte dir etwas erzählen. Als ich da vorne in der alten Kirche stand und auf dich gewartet habe und die beiden Brautjungfern sah, da habe ich bei mir gedacht, da habe ich doch gedacht: ›Ich wusste ja gar nicht, dass Louise so aussehen kann!‹ Also da fielen einem ja fast die Augen aus dem Kopf.«

»Ach, wirklich?«, sagte sie. »Komisch. Sicher, alle fanden ihr Kleid und ihren Hut entzückend, aber viele Leute fanden doch, dass sie irgendwie müde aussieht. Das haben die Leute in letzter Zeit häufig gesagt. Ich sage dann immer zu ihnen, ich finde es furchtbar gemein von ihnen, herumzulaufen und das über sie zu erzählen. Ich sage dann immer zu ihnen, sie dürfen nicht vergessen, dass Louise nicht mehr so schrecklich jung ist und dass sie damit rechnen müssen, dass sie halt jetzt so aussieht. Louise kann noch so oft sagen, sie sei dreiundzwanzig, sie ist trotzdem weit eher an die siebenundzwanzig.«

»Na, auf der Hochzeit war sie jedenfalls eine Wucht«, sagte er. »Junge, Junge!«

»Da bin ich aber schrecklich froh«, sagte sie. »Ich bin froh, dass einer das fand. Wie fandest du denn, dass Ellie aussah?«

»Also, ich habe sie mir eigentlich gar nicht angeschaut«, sagte er.

»Ach, wirklich?«, sagte sie. »Na, das finde ich ein starkes Stück. Eigentlich sollte ich das ja nicht von meiner eigenen Schwester sagen, aber ich habe noch nie jemanden so wundervoll gesehen, wie Ellie heute aussah. Und dabei immer so lieb und selbstlos. Und du hast sie nicht einmal bemerkt. Aber du beachtest Ellie ja ohnehin nie. Glaub ja nicht, dass ich das nicht gemerkt habe. Es macht mich ganz krank. Es macht mich einfach ganz krank, dass du meine eigene Schwester nicht magst.«

»Aber ich mag sie doch!«, sagte er. »Ich bin ganz verrückt auf Ellie. Ich finde, sie ist ein tolles Mädchen.«

»Glaub ja nicht, dass das Ellie etwas ausmacht!«, sagte sie. »Ellie hat genug Leute, die ganz verrückt auf sie sind. Ihr ist es egal, ob du sie magst oder nicht. Bild dir bloß nicht ein, dass sie sich darum kümmert! Das Einzige ist nur, das macht's mir eben schrecklich schwer, dass du sie nicht magst, das ist das

Einzige. Ich denke dauernd daran, wenn wir zurückkommen und in die Wohnung ziehen und so, dann wird es für mich furchtbar schwer sein, dass du nicht willst, dass mich meine eigene Schwester besuchen kommt. Es wird es mir furchtbar schwermachen, dass du meine Familie nie dahaben willst. Ich weiß ja, was du von meiner Familie hältst. Glaub ja nicht, dass ich das nicht gemerkt habe. Nur, wenn du sie nie sehen willst, dann ist das ganz allein dein Schaden. Nicht ihrer. Bilde dir bloß nichts ein!«

»Jetzt hör aber mal!«, sagte er. »Was soll das ganze Gerede, dass ich deine Familie nicht dahaben will? Du weißt doch, was ich von deiner Familie halte. Ich finde deine alte Dame – ich finde deine Mutter prima. Und Ellie. Und deinen Vater. Was soll also das ganze Gerede?«

»Na, ich habe es jedenfalls gemerkt«, sagte sie. »Und ob ich das gemerkt habe. Es gibt viele Leute, die heiraten und denken, dass es toll wird und so, und dann geht alles kaputt, weil die Leute die Familien der Leute nicht mögen oder was Ähnliches. Du brauchst mir gar nichts zu erzählen! Ich hab es doch erlebt.«

»Herzchen«, sagte er, »was soll das Ganze? Weshalb regst du dich denn so auf? Du, schau, wir sind doch auf der Hochzeitsreise. Weshalb versuchst du, Streit anzufangen? Ah, ich glaube, du bist einfach irgendwie nervös.«

»Ich?«, sagte sie. »Weshalb sollte ich nervös sein? Ich meine. Ich meine nur, du liebe Güte, ich bin doch nicht nervös.«

»Weißt du«, sagte er, »es heißt oft, dass junge Frauen irgendwie nervös und zappelig werden, weil sie daran denken, dass – ich meine. Ich meine nur – es ist eben, wie du gesagt hast, alles ist irgendwie durcheinander und so, gerade jetzt. Aber hinterher wird alles gut sein. Ich meine. Ich meine nur – na ja, schau, Herzchen, du scheinst es nicht gerade sehr bequem zu haben. Willst du nicht deinen Hut abnehmen? Und lass uns nie wieder streiten, nie wieder. Ja?«

»Ach, es tut mir leid, dass ich wütend war«, sagte sie. »Ich glaube, mir war tatsächlich ein bisschen komisch zumute. Ganz durcheinander, und dann an all die Menschen allüberall denken müssen, und dann irgendwie weit weg sein, hier, ganz allein mit dir. Es ist irgendwie so anders. Es ist irgendwie so eine große Sache. Man kann doch niemandem einen Vorwurf machen, nur weil er denkt, oder? Ja, lass uns nie, nie wieder streiten. Wir werden nicht so sein wie so viele andere. Wir werden nicht streiten oder bösartig sein oder dergleichen. Ja?«

»Ganz bestimmt nicht, verlass dich drauf«, sagte er.

»Ich glaube, ich nehme den blöden alten Hut ab«, sagte sie. »Er drückt mich. Würdest du ihn bitte ins Gepäcknetz legen, Schatz? Gefällt er dir, Liebling?«

»Steht dir gut«, sagte er.

»Nein, ich meine«, sagte sie, »ob er dir wirklich gefällt?«

»Tja, ich will mal so sagen«, sagte er. »Ich weiß, dass das die neue Mode ist und ähnlich, und vermutlich ist er ja toll. Von so was verstehe ich nichts. Mir gefällt die Art von Hut wie der blaue, den du mal gehabt hast. Mann, der Hut hat mir gefallen.«

»Ach, wirklich?«, sagte sie. »Na, das ist ja reizend. Das ist ja großartig. Das Erste, was du zu mir sagst, kaum dass du mich in einen Zug bekommen hast, weg von meiner Familie und so, das ist, dass dir mein Hut nicht gefällt. Das Erste, was du zu deiner Frau sagst, du findest, dass sie bei Hüten einen schlechten Geschmack hat. Das ist ja wirklich reizend!«

»Aber, Herzchen«, sagte er. »Ich habe nie etwas Derartiges gesagt. Ich habe nur gesagt –«

»Was dir nicht klar zu sein scheint«, sagte sie, »dieser Hut hat zweiundzwanzig Dollar gekostet. Zweiundzwanzig Dollar. Und das scheußliche alte blaue Ding, auf das du angeblich so verrückt bist, das hat drei fünfundneunzig gekostet.«

»Ist mir völlig schnuppe, was sie gekostet haben«, sagte er. »Ich habe nur gesagt – ich habe gesagt, dass mir der blaue Hut gefallen hat. Ich verstehe nichts von Hüten. Ich bin ganz verrückt auf den da, wenn ich mich erst einmal daran gewöhnt habe. Er ist nur irgendwie nicht so wie deine anderen Hüte. Ich versteh nichts von den neuen Moden. Was verstehe ich schon von Damenhüten?«

»Es ist jammerschade«, sagte sie, »dass du nicht jemanden geheiratet hast, der die Art von Hüten kauft, die dir gefällt. Hüte, die drei fünfundneunzig kosten. Warum hast du nicht Louise geheiratet? Du findest doch immer, dass sie so wundervoll aussieht. Du wärst ganz begeistert von ihrem Geschmack bei Hüten. Warum hast du nicht sie geheiratet?«

»Also wirklich, Herzchen«, sagte er. »Um Himmels willen!«

»Warum hast du nicht sie geheiratet?«, sagte sie. »Seit wir in diesen Zug gestiegen sind, hast du nichts anderes getan, als von ihr geredet. Und ich konnte dasitzen und mir anhören, wie wundervoll Louise deiner Meinung nach ist. Das ist ja vielleicht reizend, mich ganz allein mit dir hierher zu bekommen und mir dann ins Gesicht von Louise vorzuschwärmen. Warum hast du nicht sie gebeten, dich zu heiraten? Ich bin sicher, sie hätte mit beiden Händen zugegriffen. Es gibt nicht allzu viele Leute, die sie bitten, sie zu heiraten. Es ist jammerschade, dass du nicht sie geheiratet hast. Ich bin sicher, ihr wärt auch viel glücklicher gewesen.«

»Hör mal, Kindchen«, sagte er, »da du gerade bei diesem Thema bist, warum hast du eigentlich nicht Joe Brooks geheiratet? Ich nehme an, der hätte dir so viele Zweiundzwanzig-Dollar-Hüte schenken können, wie du nur wolltest, das nehme ich doch stark an!«

»Na, ich bin mir gar nicht so sicher, dass es mir nicht tatsächlich leidtut«, sagte sie. »So! Joe Brooks hätte nicht gewartet, bis er mich irgendwo ganz allein gehabt hätte, und sich dann über meinen Kleidergeschmack lustig gemacht. Joe Brooks hat mich immer sehr gerngehabt. So!«

»Oh, ja«, sagte er. »Er hat dich sehr gern. Er hat dich sogar so gerngehabt, dass er nicht einmal ein Hochzeitsgeschenk geschickt hat. So gern hat er dich gehabt.«

»Zufällig weiß ich ganz genau«, sagte sie, »dass er geschäftlich unterwegs war, und sobald er zurückkommt, wird er mir alles geben, was ich für die Wohnung haben möchte.«

»Pass mal gut auf«, sagte er. »Ich will nichts, was er dir schenkt, in unserer Wohnung haben. Alles, was er dir schenkt, werfe ich schnurstracks zum Fenster hinaus. So viel halte ich nämlich von deinem Freund Joe Brooks. Und wieso weißt du überhaupt, wo er ist und was er tun wird? Hat er dir etwa geschrieben?«

»Ich nehme doch an, dass meine Freunde mit mir korrespondieren können«, sagte sie. »Ich habe nicht gehört, dass es dagegen ein Gesetz gibt.«

»Und ich nehme stark an, dass sie das eben nicht können!«, sagte er. »Na, was sagst du jetzt? Ich lasse meine Frau doch nicht einen Haufen Briefe von billigen Handlungsreisenden bekommen!«

»Joe Brooks ist kein billiger Handlungsreisender!«, sagte sie. »Überhaupt nicht! Er bekommt ein wunderbares Gehalt.«

»Ach, ja?«, sagte er. »Wo hast du denn das her?«

»Das hat er mir selbst erzählt«, sagte sie.

»Ach, das hat er dir selbst erzählt«, sagte er. »Ich verstehe. Das hat er dir selbst erzählt.«

»Du hast nicht das geringste Recht, über Joe Brooks zu reden«, sagte sie. »Du mit deiner Freundin Louise. Du redest doch über nichts anderes als über Louise.«

»Ach, um Himmels willen!«, sagte er. »Was kümmert mich Louise? Ich habe nur gedacht, sie sei eine Freundin von dir, nichts weiter. Deshalb habe ich sie doch überhaupt nur wahrgenommen.«

»Na, heute hast du jedenfalls eine Menge Notiz von ihr genommen«, sagte sie. »An unserem Hochzeitstag! Du hast selbst gesagt, als du da in der Kirche standest, da hast du dauernd an sie denken müssen. Und das vorne am Altar. Oh, und das in Anwesenheit Gottes! Und du hast an nichts anderes gedacht als an Louise.«

»Pass auf, Herzchen«, sagte er, »ich hätte das nie sagen sollen. Wer weiß denn schon, was für verrückte Gedanken einem durch den Kopf gehen, wenn man dasteht und darauf wartet, getraut zu werden? Ich habe dir das doch nur erzählt, weil es irgendwie so verrückt war. Ich dachte, dass es dich zum Lachen bringt.«

»Ich weiß ja«, sagte sie. »Ich bin heute eben irgendwie durcheinander. Ich habe es dir doch gesagt. Weil alles so ungewohnt ist und so. Und weil ich ständig an all die Menschen überall auf der Welt denken muss, und weil wir jetzt ganz alleine hier sind und so. Ich weiß, dass man da ganz durcheinander wird. Ich dachte nur, weil du dauernd darüber geredet hast, wie wundervoll Louise aussah, du hättest das bös und vorbedacht getan.«

»Ich habe noch nie etwas mit Bosheit und Vorbedacht getan!«, sagte er. »Ich habe dir das von Louise nur erzählt, weil ich dachte, dass es dich zum Lachen bringen würde.«

»Ich habe nicht lachen müssen«, sagte sie.

»Nein, das sehe ich«, sagte er. »Das war ganz bestimmt nicht der Fall. Ach, Kindchen, und dabei sollten wir tatsächlich lachen. Hol's der Teufel, Herzblättchen, wir sind doch auf der Hochzeitsreise. Was ist denn bloß los?«

»Ich weiß es nicht«, sagte sie. »Wir haben uns früher oft gezankt, als wir miteinander gingen und dann verlobt waren und so, aber ich dachte, dass nach der Hochzeit alles ganz anders sein würde. Und jetzt komme ich mir irgendwie ganz komisch vor und so. Ich komme mir irgendwie so allein vor.«

»Tja, weißt du, Liebling«, sagte er, »eigentlich sind wir ja noch nicht richtig verheiratet. Ich meine. Ich meine nur – hinterher wird eben alles anders sein. Ach, zum Teufel. Ich meine, wir sind eben noch nicht lange verheiratet.«

»Nein«, sagte sie.

»Na, jetzt müssen wir ja nicht mehr lange warten«, sagte er. »Ich meine nur – in etwa zwanzig Minuten sind wir in New York. Dann können wir zu Abend essen und mal sehen, wozu wir Lust haben. Das heißt, ich meine. Möchtest du heute Abend irgendetwas Spezielles tun?«

»Was?«, sagte sie.

»Was ich meine, ist«, sagte er, »würdest du gerne ins Theater gehen oder so?«

»Also, was immer du willst«, sagte sie. »Ich hatte nur irgendwie nicht gedacht, dass die Leute ins Theater oder sonst wohin gehen in ihrer – ich meine nur, ich muss unbedingt ein paar Briefe schreiben. Bitte erinnere mich daran.«

»Oh«, sagte er. »Du willst heute Abend Briefe schreiben?«

»Ja, weißt du«, sagte sie, »ich habe mich einfach schrecklich benommen. Vor lauter Aufregung und so. Da habe ich mich bei der armen alten Mrs Sprague gar nicht für ihren Kompottlöffel bedankt, und ich habe noch gar nichts wegen der Buchstützen unternommen, die die McMasters geschickt haben. Das ist einfach ganz furchtbar von mir. Ich muss ihnen noch heute Abend schreiben.«

»Und wenn du deine Briefe zu Ende geschrieben hast«, sagte er, »könnte ich dir vielleicht eine Zeitschrift oder ein Päckchen Erdnüsse besorgen.«

»Was?«, sagte sie.

»Ich meine«, sagte er, »ich möchte auf keinen Fall, dass du dich mit mir langweilst.«

»Als ob ich mich mit dir langweilen könnte!«, sagte sie.

»Dummerchen! Wir sind doch verheiratet, oder nicht? Langweilen!«

»Ich hatte mir gedacht«, sagte er, »ich hatte gedacht, wenn wir ankommen, dann könnten wir direkt ins Biltmore gehen und jedenfalls unsere Koffer dort lassen, und vielleicht im Zimmer ein kleines Abendessen zu uns nehmen, ganz ungestört, und dann machen, wozu wir Lust haben. Ich meine. Ich meine nur – lass uns eben vom Bahnhof aus direkt hingehen.«

»Oh, ja, bitte«, sagte sie. »Ich bin so froh, dass wir ins Biltmore gehen. Ich liebe es einfach. Die beiden Male, die ich in New York übernachtet habe, da haben wir immer dort übernachtet, Papa und Mama und Ellie und ich, und ich war ganz verrückt auf das Hotel. Ich schlafe dort immer so gut. Ich schlafe sofort ein, wenn ich den Kopf aufs Kissen lege.«

»Ach, ja?«, sagte er.

»Jedenfalls, ich meine nur«, sagte sie. »Dort oben ist es so ruhig.«

»Wir könnten ja morgen Abend ins Theater gehen statt heute Abend«, sagte er. »Glaubst du nicht auch, dass das besser wäre?«

»Ja, das wäre wohl besser«, sagte sie.

Er stand auf, hielt sich einen Augenblick im Gleichgewicht, machte einen Schritt und setzte sich neben sie.

»Musst du diese Briefe wirklich heute Abend schreiben?«

»Na ja«, sagte sie, »ich nehme nicht an, dass sie schneller dort wären, als wenn ich sie erst morgen schreibe.«

Es herrschte Stille, in der einiges vor sich ging.

»Und wir werden nie mehr streiten, ja?«, sagte er.

»Oh, nein«, sagte sie. »Nie mehr! Ich weiß nicht, was mich dazu gebracht hat. Es war nur alles irgendwie so komisch, so wie ein Alptraum, wie ich da an all die Menschen denken musste, die ständig heiraten; und bei so vielen von ihnen da geht alles schief, weil sie streiten und so. Ich war ganz durcheinander, als ich daran dachte. Oh, ich möchte nicht so sein wie sie. Aber das werden wir auch nicht, oder?«

»Ganz bestimmt nicht«, sagte er.

»Wir werden uns nicht kaputtmachen«, sagte sie. »Wir werden nicht streiten. Alles wird anders sein, jetzt, wo wir verheiratet sind. Alles wird wunderbar sein. Reichst du mir bitte meinen Hut herunter, Liebling? Es wird Zeit, dass ich ihn aufsetze. Danke. Ach, es tut mir so leid, dass er dir nicht gefällt.«

»Aber er gefällt mir doch!«, sagte er.

»Du hast gesagt, dass er dir nicht gefällt«, sagte sie. »Du hast gesagt, dass du ihn einfach schrecklich findest.«

»Das habe ich nie gesagt«, sagte er. »Du bist ja verrückt.«

»Na schön, ich bin also verrückt«, sagte sie. »Vielen herzlichen Dank. Aber das hast du gesagt. Nicht dass es darauf ankommt – das ist nur eine Lappalie. Aber es wird einem schon ganz schön komisch zumute, wenn man bedenkt, dass man hingegangen ist und jemanden geheiratet hat, der sagt, bei Hüten habe man einfach einen schrecklichen Geschmack. Und dann auch noch hingeht und sagt, man sei verrückt.«

»Jetzt hör mir mal zu«, sagte er. »Niemand hat etwas Derartiges gesagt. Ich liebe diesen Hut doch. Je mehr ich ihn mir anschaue, desto besser gefällt er mir. Ich finde, er ist toll.«

»Das hast du vorhin aber nicht gesagt«, sagte sie.

»Herzchen«, sagte er. »Willst du wohl damit aufhören? Weshalb musst du denn wieder damit anfangen? Ich liebe den verdammten Hut. Ich meine, ich liebe deinen Hut. Ich liebe alles, was du anhast. Was soll ich denn noch sagen?«

»Na ja, ich möchte eben nicht, dass du es in dem Ton sagst«, sagte sie.

»Ich habe gesagt, dass ich ihn toll finde«, sagte er. »Mehr habe ich nicht gesagt.«

»Findest du wirklich?«, sagte sie. »Ganz ehrlich? Ach, da bin ich aber froh. Ich fände es grässlich, wenn dir mein Hut nicht gefallen würde. Es wäre – ich weiß nicht, es wäre irgendwie so ein schlechter Anfang.«

»Also ich bin ganz verrückt darauf«, sagte er. »Das hätten wir also geklärt, dem Himmel sei Dank. Ach, Kindchen. Kindchen, Süßes. Wir werden keinen schlechten Anfang haben. Schau uns an – wir sind auf der Hochzeitsreise. Schon bald sind wir richtiggehende alte Eheleute. Ich meine. Ich meine eben, in ein paar Minuten werden wir in New York ankommen und dann ins Hotel gehen, und dann wird alles gut sein. Ich meine – na, schau uns doch an! Da wären wir also verheiratet! Da wären wir also!«

»Ja, da wären wir«, sagte sie. »Stimmt's?«

aus dem Englischen von Ursula-Maria Mössner

Alice Munro

DAS BETTLERMÄDCHEN

𝓟atrick Blatchford war in Rose verliebt. Das war eine fixe,
fast wahnsinnige Idee bei ihm. Für sie – eine ständige Überraschung. Er wollte sie heiraten. Er wartete nach den Vorlesungen auf sie, ging neben ihr her, so dass jeder, mit dem
sie sprach, mit seiner Gegenwart rechnen musste. Er sprach
nie, wenn Freunde oder Kommilitoninnen in ihrer Nähe waren,
aber er versuchte immer, ihren Blick aufzufangen, so dass er
ihr durch einen ungläubigen Ausdruck zu verstehen gab, was
er von ihrer Unterhaltung hielt. Rose fühlte sich geschmei-
chelt, war aber nervös. Ein Mädchen namens Nancy Falls, eine
ihrer Freundinnen, sprach in seiner Gegenwart den Namen
Metternich falsch aus. Er sagte später zu ihr: »Wie kannst du
mit solchen Leuten befreundet sein?«

Nancy und Rose waren zusammen ins Victoria Hospital
gegangen, um Blut zu spenden. Jede bekam 15 Dollar. Den
größten Teil des Geldes gaben sie für Abendschuhe aus, sün-
dig aussehende Silbersandalen. Und da sie sicher waren, durch
das Blutspenden an Gewicht verloren zu haben, aßen sie bei
Bloomer einen Krokant-Eisbecher mit heißer Schokoladen-

soße. Warum war Rose außerstande, Nancy Patrick gegenüber zu verteidigen?

Patrick war vierundzwanzig Jahre alt, Doktorand und wollte Geschichtsprofessor werden. Er war groß, schlank, blond und sah gut aus, obwohl er ein längliches, blassrotes Muttermal hatte, das wie eine Träne über seine Schläfe und Wange herunterzutropfen schien. Er entschuldigte sich deswegen, sagte aber, es werde mit dem Alter blasser. Wenn er vierzig sei, werde es ganz verschwunden sein. Es war nicht das Muttermal, das sein gutes Aussehen beeinträchtigte, dachte Rose. (Irgendetwas beeinträchtigte es oder verminderte es in ihren Augen; sie musste sich immer wieder daran erinnern, dass er wirklich gut aussah.) Es war etwas Gereiztes, Sprunghaftes, Beunruhigendes an ihm. Seine Stimme brach leicht unter Anspannung – bei ihr schien er immer unter Anspannung zu stehen; er stieß Teller und Tassen vom Tisch, warf Gläser und Schalen mit Erdnüssen um wie ein Komiker. Er war kein Komiker; nichts konnte seinen Absichten ferner liegen. Er kam aus British Columbia. Seine Familie war reich.

Er kam zu früh, um Rose abzuholen, als sie ins Kino gehen wollten. Er wollte nicht klopfen, er wusste, dass er zu früh dran war. Er setzte sich auf die Treppe vor der Tür von Dr. Henshawe. Das war im Winter, es war dunkel draußen, aber eine kleine Kutscherlaterne hing neben der Tür.

»Oh, Rose, komm und schau!«, rief Dr. Henshawe mit ihrer sanften, belustigten Stimme, und sie schauten gemeinsam aus dem dunklen Fenster des Arbeitszimmers. »Der arme junge Mann«, sagte Dr. Henshawe mitleidig. Dr. Henshawe war

Mitte siebzig. Sie war früher Professorin für Englisch gewesen, war anspruchsvoll und lebhaft. Sie hatte ein lahmes Bein, aber einen noch immer jugendlich wirkenden Kopf, den sie zierlich zur Seite geneigt hielt und den weiße Zöpfe umrahmten. Sie nannte Patrick arm, weil er verliebt war, und vielleicht auch, weil er ein Mann und als solcher zum Vorwärtskommen und Stolpern verurteilt war. Sogar von hier oben sah er verbissen und jämmerlich, entschlossen und verletzbar aus, wie er dort draußen in der Kälte saß.

»Bewacht die Tür«, sagte Dr. Henshawe. »Oh, Rose!«

Ein anderes Mal sagte sie zu Roses Verwirrung: »Oh, meine Liebe, ich fürchte, er ist hinter dem falschen Mädchen her.«

Rose mochte nicht, dass sie das sagte. Sie mochte es nicht, dass sie über Patrick lachte. Sie mochte es auch nicht, dass Patrick da draußen auf den Stufen saß. Er reizte einen dazu, über ihn zu lachen. Er war der verwundbarste Mensch, den Rose je gekannt hatte; er machte sich selbst dazu; er wusste überhaupt nicht, wie man sich schützen konnte. Aber er war auch voller grausamer Urteile, er war voller Verachtung.

»Du bist Stipendiatin, Rose«, sagte Dr. Henshawe gelegentlich. »Das wird dich interessieren.« Dann las sie laut etwas aus der Zeitung vor oder, was wahrscheinlicher war, aus dem *Canadian Forum* oder dem *Atlantic Monthly*. Dr. Henshawe hatte früher einmal den Schulausschuss der Stadt geleitet, sie war Gründungsmitglied der Sozialistischen Partei Kanadas. Sie saß immer noch in Ausschüssen, schrieb Briefe an die Zeitung, rezensierte Bücher. Ihre Eltern waren beide Missionsärzte gewesen; sie war in China zur Welt gekommen. Ihr Haus war klein und tadellos. Gebohnerte Fußböden, leuchtende Teppiche, chinesische Vasen, Schalen und Landschaftsbilder, schwarze geschnitzte Wandschirme. Vieles, was Rose zu dieser Zeit noch nicht würdigen konnte. Sie konnte nicht wirklich zwischen den kleinen Jadetieren auf Dr. Henshawes Kaminsims und dem Schmuck im Schaufenster des Juweliers in Hanratty unterscheiden, obwohl sie nun schon zwischen diesen beiden Dingen und den Sachen, die Flo im Billigladen kaufte, zu unterscheiden vermochte. Sie vermochte nicht recht zu sagen, ob sie gern bei Dr. Henshawe wohnte. Manchmal war sie ganz entmutigt, wenn sie im Esszimmer saß, eine Leinenserviette auf dem Schoß hatte und von dünnen weißen Tellern aß, die auf blauen Platzdeckchen standen. Fest stand, dass es nie genug zu essen gab, und sie hatte sich angewöhnt, Donuts und Schokolade zu kaufen und in ihrem Zimmer zu verstecken. Der Kanarienvogel schaukelte auf seiner Sitzstange im Esszimmerfenster hin und her, und Dr. Henshawe unterhielt sich mit Rose. Sie sprach über Politik, über Schriftsteller. Sie erwähnte Frank Scott und Dorothy Livesay. Sie sagte, Rose müsse sie lesen. Rose kam zu dem missmutigen Entschluss, es nicht zu tun. Sie las Thomas Mann. Sie las Tolstoi.

Bevor sie zu Dr. Henshawe zog, hatte Rose noch nie von der Arbeiterklasse gehört. Sie brachte dieses Wort mit nach Hause. »Das wird der letzte Teil der Stadt sein, wo sie eine Kanalisation legen«, sagte Flo.

»Natürlich«, sagte Rose kühl. »Das hier ist der Stadtteil der Arbeiterklasse.«

»Arbeiterklasse?«, sagte Flo. »Nicht wenn die hier in der Gegend etwas dagegen tun können.«

Eins hatte das Wohnen bei Dr. Henshawe bewirkt. Es hatte die Unbefangenheit, den für selbstverständlich gehaltenen Hintergrund ihres Zuhauses zerstört. Dorthin zurückgehen hieß ganz buchstäblich, in ein nacktes Licht zurückzugehen. Flo hatte Leuchtröhren im Laden und in der Küche anbringen lassen. In einer Ecke der Küche gab es auch eine Bodenlampe, die Flo beim Bingo gewonnen hatte; der Schirm war ständig mit breiten Cellophanstreifen umwickelt. Das Wichtigste, was sich von Dr. Henshawes Haus und von Flos Haus nach Roses Ansicht sagen ließ, war, dass sie sich gegenseitig unglaubwürdig machten. In Dr. Henshawes reizenden Räumen lag in Rose immer das bittere Wissen um ihr Zuhause wie ein unverdaulicher Klumpen. Und zu Hause brachte ihr jetzt ihr Gefühl für die Ordnung und Harmonie in Dr. Henshawes Haus eine schrecklich verwirrende und traurige Armut bei Menschen zu Bewusstsein, die sich selbst nie für arm gehalten hatten. Armut war nicht einfach Ärmlichkeit, wie Dr. Henshawe zu denken schien, war nicht einfach Entbehrung. Es bedeutete, dass man diese scheußlichen Röhrenlampen hatte und auch noch stolz auf sie war. Es bedeutete ständiges Reden über Geld und bösartiges Reden über Sachen, die andere Leute gekauft hatten, und ob sie wohl bezahlt waren. Es bedeutete Stolz und Neid, die sich an Dingen wie den beiden Plastikvorhängen in Spitzenimitation entzündeten, die Flo für das Vorderfenster gekauft hatte. Dies und ebenso die Tatsache, dass man seine Kleider an Nägeln hinter der Tür aufhängte und dass man jedes Geräusch aus dem Badezimmer hören konnte. Armut bedeutete auch, dass man seine Wände mit einer Anzahl von Sinnsprüchen schmückte, mit frommen und fröhlichen und leicht unanständigen.

Der Herr ist mein Hirte
Glaube an den Herrn Jesus Christus,
so wirst du gerettet werden.

Weshalb hatte Flo so etwas, da sie doch nicht einmal fromm war? Das hatte man eben, es war so üblich wie ein Kalender.

Das ist meine Küche, und ich werde verflixt
noch mal darin tun, was ich will

Mehr als zwei in einem Bett, das ist
gefährlich und gesetzwidrig

Das hatte Billy Pope mitgebracht. Was würde Patrick dazu sagen? Was würde jemand, der durch die falsche Aussprache von Metternich aufgebracht war, von Billy Popes Geschichten halten?

Billy Pope arbeitete in Tydes Metzgerei. Sein Hauptgesprächsthema war jetzt der Auswanderer, der Belgier, der auch dort arbeitete und Billy auf die Nerven ging, weil er französische Lieder sang und naive Vorstellungen darüber hatte, wie er in diesem Land vorwärtskommen und eine eigene Metzgerei kaufen wollte.

»Glaub nur nicht, du kannst hier rüberkommen und größenwahnsinnig werden«, sagte Billy Pope zu dem Belgier. »Ihr arbeitet für uns, und glaub ja nicht, dass es so weit kommt, dass wir für euch arbeiten.« Da war er dann still, sagte Billy Pope.

Patrick sagte von Zeit zu Zeit, da Rose nur fünfzig Meilen entfernt wohne, müsse er einmal vorbeikommen und Roses Familie kennenlernen.

»Da ist nur noch meine Stiefmutter.«

»Es ist zu schade, dass ich deinen Vater nicht mehr kennengelernt habe.«

Voreilig hatte sie Patrick ihren Vater als Leser von Geschichtswerken, als Autodidakten präsentiert. Das war nicht gerade eine Lüge, aber es gab auch kein wahrheitsgemäßes Bild der Verhältnisse.

»Ist deine Stiefmutter dein Vormund?«

Rose musste zugeben, dass sie es nicht wusste.

»Aber dein Vater muss doch in seinem Testament einen Vormund für dich benannt haben. Wer verwaltet seinen Besitz?«

Seinen Besitz. Rose dachte, ein Besitz sei ein Landgut, so wie ihn die Leute in England haben.

Patrick fand, sie sei ganz entzückend, so etwas zu glauben.

»Nein, sein Geld und seine Wertpapiere und so weiter. Was er hinterlassen hat.«

»Ich glaube nicht, dass er überhaupt etwas hinterlassen hat.«

»Sei nicht albern«, sagte Patrick.

Und manchmal sagte Dr. Henshawe auch: »Na, du bist Stipendiatin, das wird dich nicht interessieren.« Gewöhnlich sprach sie dann von einer Veranstaltung im College; einer wilden Party, einem Fußballspiel, einem Tanzabend. Und gewöhnlich hatte sie Recht. Es interessierte Rose nicht. Aber es lag ihr nichts daran, das zuzugeben. Diese Charakterisierung ihres Wesens erschien ihr nicht erstrebenswert, und sie mochte sie nicht.

An der Wand neben der Treppe hingen die Examensfotos all der anderen Mädchen, der Stipendiatinnen, die bei Dr. Henshawe gewohnt hatten. Die meisten von ihnen waren Lehrerinnen geworden, dann Mütter. Eine war Ernährungswissenschaftlerin, zwei waren Bibliothekarinnen, eine war Professorin für Englisch wie Dr. Henshawe. Rose machte sich nichts aus ihnen, aus ihrer sichtbar-sanften, lammfromm lächelnden Dankbarkeit, ihren großen Zähnen und ihren mädchenhaften Locken. Es schien ihr, als drängten sie einem ihre Frömmigkeit auf. Es waren keine Schauspielerinnen darunter, keine Journalistinnen von Zeitschriften; keine von ihnen hatte sich Zugang zu einem Leben verschafft, wie Rose es sich wünschte. Sie wollte in der Öffentlichkeit auftreten. Sie glaubte, sie wolle Schauspielerin werden, aber sie versuchte nie zu spielen, sie hatte Angst, in die Nähe der Theaterinszenierungen im College zu kommen. Sie wusste, dass sie nicht singen und tanzen konnte. Sie hätte wirklich gern Harfe spielen wollen, aber sie hatte keinen Sinn für Musik. Sie wünschte sich, bekannt und beneidet, schlank und klug zu sein. Sie erzählte Dr. Henshawe, wenn sie ein Mann wäre, würde sie Auslandskorrespondent werden wollen.

»Dann musst du das auch werden«, sagte Dr. Henshawe beunruhigenderweise. »Die Zukunft wird den Frauen weit offenstehen. Du musst dich auf Sprachen konzentrieren. Du musst Kurse in Politikwissenschaft belegen. Und Volkswirtschaft. Vielleicht kannst du im Sommer bei der Zeitung arbeiten. Ich habe Freunde dort.«

Rose erschrak bei dem Gedanken, bei einer Zeitung zu arbeiten, und sie hasste den Einführungskurs in Wirtschaftswissenschaften; sie überlegte, wie sie ihn umgehen konnte. Es war gefährlich, Dr. Henshawe gewisse Dinge zu sagen.

Sie war durch Zufall zu Dr. Henshawe gekommen. Ein anderes Mädchen hatte dort einziehen sollen, aber es wurde krank; es hatte Tuberkulose und kam stattdessen in ein Sanatorium. Dr. Henshawe erschien am zweiten Anmeldungstag im Büro des College, um sich die Namen einiger anderer Stipendiatinnen geben zu lassen.

Rose war gerade kurz vorher in dem Büro gewesen, um zu fragen, wo das Treffen der Stipendiaten stattfinden sollte. Sie hatte ihre Einladung verloren. Der Schatzmeister hielt vor den neuen Stipendiaten eine Rede, unterrichtete sie darüber, wie man Geld verdienen und billig leben konnte, und erläuterte ihnen den hohen Leistungsstandard, den man hier von ihnen erwartete, wenn sie wollten, dass ihre Gelder auch weiterhin einträfen.

Rose erfuhr die Nummer des Raumes und stieg die Treppe zum ersten Stock hinauf. Ein Mädchen ging neben ihr und sagte: »Bist du auch auf dem Weg zu Drei-null-zwölf?«

Sie gingen zusammen und unterhielten sich über die Details ihres Stipendiums. Rose hatte noch kein Zimmer gefunden, sie wohnte noch im CVJM-Heim. Eigentlich hatte sie überhaupt nicht genug Geld, um hier sein zu können. Die Vorlesungen waren für sie kostenlos, ihre Heimatprovinz gab ihr einen Zuschuss für die Lehrbücher, und dazu bekam sie ein Stipendium von dreihundert Dollar; das war alles.

»Du wirst dir einen Job suchen müssen«, sagte das andere Mädchen. Sie hatte ein höheres Stipendium, weil sie bei den Naturwissenschaften war (da ist das Geld, das ganze Geld ist bei den Naturwissenschaften, sagte sie ernsthaft), aber sie hoffte, eine Stelle in der Cafeteria zu bekommen. Sie hatte ein Zimmer bei irgendjemandem im Kellergeschoss. Wie viel kostet dein Zimmer? Wie viel kostet ein warmes Essen?; fragte Rose, und ihr schwirrte der Kopf vor ängstlichen Berechnungen.

Dieses Mädchen trug das Haar hochgesteckt. Sie trug eine Crêpebluse, die vom Waschen und Bügeln vergilbt und glänzend aussah. Ihre Brüste waren groß und schlaff. Wahrscheinlich trug sie einen schmutzigrosa, an der Seite zugehakten Büstenhalter. Sie hatte einen schuppigen Fleck auf der einen Wange.

»Hier muss es sein«, sagte sie.

In der Tür war ein kleines Fenster: Sie konnten die anderen Stipendiaten mustern, die schon da waren und im Raum warteten. Rose meinte, vier oder fünf Mädchen vom gleichen gebeugten und matronenhaften Typ auszumachen wie das Mädchen neben ihr, und mehrere helläugige, selbstzufriedene und kindisch aussehende Jungen. Es schien die Regel zu sein, dass weibliche Stipendiaten wie vierzig aussahen und männliche wie zwölf. Natürlich war es nicht möglich, dass alle so aussahen. Es war unmöglich, dass Rose mit einem einzigen Blick durch die Scheibe in der Tür Spuren von Ekzemen, fleckige Achseln, Schuppen, schmierige Zahnbeläge und Schlafsand in den Augenwinkeln entdecken konnte. Aber es lag wie eine Wolke über ihnen, da irrte sie sich nicht, wie eine schreckliche Wolke von Strebsamkeit und Fügsamkeit. Wie hätten sie wohl sonst so viele richtige Antworten liefern können, wie hätten sie sich sonst auszeichnen und es bis hierher schaffen können? Und Rose hatte das Gleiche getan.

»Ich muss mal aufs Klo«, sagte sie.

Sie sah sich bereits in der Cafeteria arbeiten. Ihre Figur, die schon jetzt breit genug war, sah in der grünen Uniform noch breiter aus, ihr Gesicht war rot und die Haare strähnig von der Hitze. Sie würde Eintopf und Brathähnchen für Leute mit geringerer Intelligenz und großzügigeren Mitteln servieren. Eingeengt von Warmhaltetischen, der Uniform, gefangen in schwerer Arbeit, derer sich niemand zu schämen braucht, durch die öffentlich gemachte Begabung und Armut. Jungen konnten damit gerade noch durchkommen. Für Mädchen war es schlimm. Armut bei Mädchen wirkte nicht anziehend, es sei denn, sie war gepaart mit einer gewissen Nachlässigkeit, mit Dummheit. Begabung wirkte nicht anziehend, es sei denn, sie war gepaart mit einer gewissen Eleganz, mit Klasse. War das wahr, und war sie närrisch genug, es für wichtig zu halten? Es stimmte, und sie hielt es für wichtig.

Sie kehrte in den ersten Stock zurück, wo die Gänge von Studenten bevölkert waren, die kein Stipendium hatten, von denen man nicht erwartete, dass sie Einser bekamen und dankbar waren und billig lebten. Beneidenswert und unbefangen drängten sie sich um die Anmeldetische in ihren neuen roten und weißen Collegeblazern; ihren roten Erstsemestermützen, riefen sich gegenseitig Ermahnungen zu, wirre Informationen, sinnlose Beschimpfungen. Sie ging zwischen ihnen durch mit einem bitteren Gefühl von Überlegenheit und Verzagtheit. Der Rock ihrer grünen Uniform legte sich ihr beim Gehen zwischen die Beine. Das Material war dünn; sie hätte mehr ausgeben und den schweren Stoff nehmen sollen. Sie dachte jetzt auch, die Jacke sei nicht richtig geschnitten, obwohl sie zu Hause völlig normal ausgesehen hatte. Ihre Kleider waren von einer Schneiderin in Hanratty, einer Freundin von Flo, gemacht worden, deren Hauptinteresse darin bestand, ihre Figur so wenig wie möglich sichtbar zu machen. Als Rose fragte, ob man den Rock nicht enger machen könne, hatte diese Frau gesagt: »Du möchtest doch wohl nicht, dass man deine vier Buchstaben sieht, oder?«, und Rose hatte nicht sagen wollen, es sei ihr gleich.

Noch etwas anderes hatte die Schneiderin gesagt: »Ich dachte, jetzt, wo du aus der Schule raus bist, würdest du anfangen zu arbeiten und zu Hause helfen.«

Eine Frau, die den Flur entlangkam, sprach Rose an.

»Bist du nicht eine von den Stipendiatinnen?«

Es war die Sekretärin des Registrars. Rose dachte, sie würde jetzt getadelt, weil sie nicht bei der Versammlung gewesen war, und wollte schon sagen, ihr sei schlecht. Sie stellte ihr Gesicht auf diese Lüge ein. Aber die Sekretärin sagte:»Komm mal eben mit. Ich habe da jemand, den du kennenlernen solltest.«

Dr. Henshawe war in dem Büro auf charmante Weise lästig. Sie liebte arme Mädchen, kluge Mädchen, aber es mussten einigermaßen gutaussehende Mädchen sein.

»Ich glaube, das könnte dein Glückstag sein«, sagte die Sekretärin, als sie Rose hereinführte. »Wenn du ein freundlicheres Gesicht machen würdest.«

Rose hasste es, so etwas gesagt zu bekommen, aber sie lächelte gehorsam.

Innerhalb einer Stunde war sie von Dr. Henshawe mitgenommen, in dem Haus mit den chinesischen Wandschirmen und Vasen untergebracht und davon unterrichtet worden, dass sie keine Miete zu zahlen habe.

Sie bekam eine Stelle in der College-Bibliothek, nicht in der Cafeteria. Dr. Henshawe war mit dem Leiter der Bibliothek befreundet. Sie arbeitete samstagnachmittags. Sie arbeitete im Magazin, stellte Bücher ein. Im Herbst war die Bibliothek samstagnachmittags fast leer wegen der Fußballspiele. Die schmalen Fenster auf das belaubte Schulgelände, den Fußballplatz und das trockene herbstliche Land standen offen. Gesang und Geschrei drangen aus der Ferne herein.

Die Gebäude des College waren gar nicht alt, aber sie waren so gebaut, dass sie alt aussahen. Sie waren aus Stein. Der geisteswissenschaftliche Trakt hatte einen Turm, und die Bibliothek hatte schmale, hohe Flügelfenster, die beinahe wie

Schießscharten aussahen. Am besten gefielen Rose hier am College die Gebäude und die Bücher in der Bibliothek. Das Leben, das das Gebäude normalerweise erfüllte und das jetzt hinausströmte, sich rings um das Fußballfeld sammelte und diesen Lärm verursachte, erschien ihr unpassend und störend. Die Anfeuerungsrufe und Lieder waren dumm, wenn man auf die Worte achtete. Wofür baute man so würdevolle Gebäude, wenn dann solche Lieder gesungen wurden?

Sie war klug genug, solche Ansichten nicht zu äußern. Wenn jemand zu ihr sagte: »Ist ja scheußlich, dass du am Samstag arbeiten musst und zu keinem von den Spielen gehen kannst«, stimmte sie eifrig zu.

Einmal fasste ihr ein Besucher der Bibliothek an ihr nacktes Bein. Er berührte sie zwischen Strumpf und Rock. Es war in der Abteilung Landwirtschaft, ganz hinten im Magazin. Nur die Dozenten, die Doktoranden und die Angestellten hatten Zugang zum Magazin, obwohl jemand, der dünn war, sich durch ein Fenster im Erdgeschoss hätte durchquetschen können. Sie hatte einen Mann gesehen, ein Stück entfernt, der sich zu den Büchern auf den unteren Regalbrettern hinunterbeugte. Als sie sich streckte, um ein Buch an seinen Platz zu stellen, ging er hinter ihr vorbei. Er bückte sich und packte ihr Bein in einer geschmeidigen und überraschenden Bewegung, dann war er weg. Sie konnte noch eine ganze Weile spüren, wo sich seine Finger eingegraben hatten. Es erschien ihr nicht als sexuelle Berührung, es war eher eine Art Spaß, wenn auch keineswegs ein freundlicher. Sie hörte ihn weglaufen, oder sie fühlte, wie er lief; die Metallregale zitterten. Dann war es vorbei. Es kam kein Geräusch von ihm. Sie ging zwischen den Regalen umher, schaute in die Lesekabinen. Angenommen, sie sah ihn oder rannte an einer Ecke in ihn hinein, was sollte sie tun? Sie wusste es nicht. Sie musste einfach nach ihm sehen wie in einem spannenden kindlichen Spiel. Sie betrachtete ihre kräftigen rosigen Waden. Erstaunlich, dass jemand sie ohne Grund beschmutzen und bestrafen wollte.

Gewöhnlich arbeiteten ein paar Doktoranden in den Lesekabinen, auch am Samstagnachmittag. Seltener ein Professor. Alle Kabinen, in die sie schaute, waren leer, bis sie zu einer in der Ecke kam. Sie steckte ungeniert den Kopf hinein und erwartete auch diesmal, niemand zu sehen. Dann musste sie sich entschuldigen.

Da saß ein junger Mann mit einem Buch auf dem Schoß, Büchern auf dem Fußboden, Papieren überall um ihn verstreut. Rose fragte ihn, ob er jemand habe vorbeilaufen sehen. Er sagte Nein.

Sie erzählte ihm, was passiert war. Sie erzählte es ihm nicht, weil sie erschrocken oder angeekelt war, sondern einfach weil sie es jemand erzählen musste; es war so merkwürdig. Sie war ganz und gar nicht auf seine Antwort vorbereitet. Sein langer Hals und sein Gesicht wurden rot, und die Röte überdeckte ein Muttermal unten an seiner Wange. Er stand auf, ohne an das Buch auf seinem Schoß oder die Papiere, die vor ihm lagen, zu denken. Das Buch fiel zu Boden. Ein großer Stoß Papiere rutschte über den Tisch und drohte, das Tintenfass umzuwerfen.

»Wie gemein«, sagte er.

»Halt das Tintenfass fest«, sagte Rose. Er beugte sich vor, um das Tintenfass zu retten, und stieß es auf den Boden. Zum Glück war der Deckel drauf, und es zerbrach nicht.

»Hat er dir wehgetan?«

»Nein, nicht richtig.«

»Komm mit nach oben. Wir werden das melden.«

»Oh, nein.«

»Er darf nicht so davonkommen. Das sollte man nicht zulassen.«

»Es ist niemand da, dem man es melden könnte«, sagte Rose erleichtert. »Der Bibliothekar geht samstags immer um zwölf.«

»Es ist widerlich«, sagte er mit einer hohen, nervösen Stimme. Rose tat es jetzt leid, dass sie ihm überhaupt etwas gesagt hatte, und sie sagte, sie wolle sich wieder an die Arbeit machen.

»Bist du wirklich in Ordnung?«

»Aber ja.«

»Ich bleibe hier. Ruf mich, wenn er noch mal kommt.«

Das war Patrick. Wenn sie versucht hätte, ihn in sich verliebt zu machen, hätte sie keine bessere Methode wählen können. Er hatte allerlei galante Anwandlungen, über die er sich angeblich lustig machte, indem er bestimmte Worte und Sätze aussprach, als stünden sie in Anführungszeichen. *Das schöne Geschlecht*, sagte er manchmal, oder *Jungfer im Unglück*. Weil sie mit ihrer Geschichte in seine Kabine gekommen war, hatte Rose sich in eine »Jungfer im Unglück« verwandelt. Die angebliche Ironie würde niemand täuschen; es war klar, dass er wirklich wünschte, in einer Welt von Rittern und Damen zu leben; von Gewalt und Hingabe.

In der folgenden Zeit sah sie ihn samstags immer in der Bibliothek, und oft begegnete sie ihm, wenn er über den Campus oder in die Cafeteria ging. Er grüßte sie betont höflich und anteilnehmend und sagte »Wie geht es dir?« auf eine Art, die vermuten ließ, sie sei erneut angefallen worden oder müsse sich noch vom letzten Mal erholen. Er wurde immer tiefrot, wenn er sie sah, und sie dachte, das komme daher, dass die Erinnerung an ihre Geschichte ihn so verlegen machte. Später merkte sie dann, dass er verliebt war.

Er fand heraus, wie sie hieß und wo sie wohnte. Er rief sie bei Dr. Henshawe zu Hause an und lud sie ins Kino ein. Als er beim ersten Mal sagte: »Hier spricht Patrick Blatchford«, wusste Rose nicht, wer das war, aber sie erkannte bald die hohe, fast gekränkt klingende und nervöse Stimme. Sie sagte, sie werde kommen. Sie tat es zum Teil, weil Dr. Henshawe immer sagte, sie sei froh, dass Rose ihre Zeit nicht damit vertue, mit Jungen herumzulaufen.

Schon bald nachdem sie angefangen hatte, mit ihm auszugehen, sagte sie zu Patrick: »Wäre es nicht komisch, wenn du es gewesen wärst, der an dem Tag in der Bibliothek mein Bein gepackt hat?« Er fand das nicht komisch. Er war entsetzt, dass sie so etwas denken konnte.

Sie sagte, sie mache ja nur Spaß. Sie sagte, sie habe gemeint, das wäre ein guter Einfall für eine Geschichte, vielleicht für eine Geschichte von Maugham oder für einen Hitchcock-Film. Sie hatten sich eben einen Hitchcock-Film angesehen.

»Weißt du, wenn Hitchcock aus so etwas einen Film macht, könntest du zur einen Hälfte deines Wesens ein wilder, unersättlicher Beingreifer sein und zur anderen ein schüchterner Student.«

Das gefiel ihm auch nicht.

»Komme ich dir so vor wie ein schüchterner Student?« Es schien ihr, als ob er seine Stimme tiefer klingen ließ, als ob er ein paar dunklere Klänge hineinlegte, das Kinn zurücknahm, als mache er einen Scherz. Aber er scherzte selten mit ihr; er glaubte, zu scherzen sei unpassend, wenn man verliebt war.

»Ich habe doch nicht gesagt, dass du ein schüchterner Student oder ein Beingreifer bist. Es war nur so eine Idee.«

Nach einer Weile sagte er: »Ich wirke wohl nicht sehr männlich.«

Sie war bestürzt und verwirrt über eine derartige Offenbarung. Er setzte sich solchen Gefahren aus; hatte er denn nicht gelernt, sich nicht solchen Gefahren auszusetzen? Aber vielleicht war es genaugenommen gar nicht so. Er wusste, sie würde ihm jetzt etwas Beruhigendes sagen müssen. Obwohl sie es wirklich nicht wollte, hätte sie am liebsten verständnisvoll gesagt: »Stimmt. Wirklich nicht.«

Aber das träfe auch nicht zu. Er erschien ihr tatsächlich männlich. Weil er solche Risiken einging. Nur ein Mann konnte so sorglos und fordernd sein.

»Wir kommen aus zwei verschiedenen Welten«, sagte sie ein andermal zu ihm. Sie kam sich vor wie eine Figur in einem Theaterstück, als sie das sagte. »Meine Leute sind arme Leute. Für dich wäre der Ort, wo ich herkomme, ein Loch.«

Nun war sie es, die unaufrichtig war, indem sie vorgab, auf sein Mitleid zu setzen, denn sie rechnete natürlich nicht damit, dass er sagen würde, na also, wenn du von armen Leuten stammst und in einem Loch lebst, muss ich mein Angebot zurückziehen.

»Aber ich bin froh«, sagte Patrick. »Ich bin froh, dass du arm bist. Du bist so süß. Du bist wie das Bettlermädchen.«

»Wer?«

»König Cophetua und das Bettlermädchen. Du weißt doch. Das Bild. Kennst du es nicht?«

Patrick hatte einen Trick – nein, es war kein Trick, Patrick hatte keine Tricks – Patrick hatte eine Art, Überraschung zu zeigen, eine etwas spöttische Überraschung, wenn jemand etwas nicht wusste, was er wusste, und einen ähnlichen Spott, eine ähnliche Überraschung, wenn jemand sich erlaubte, etwas zu wissen, was er nicht wusste. Seine Anmaßung wie seine Demut waren seltsam übersteigert. Seine Anmaßung, so befand Rose schon bald, musste daher rühren, dass er reich war, obwohl Patrick sich gerade darauf nichts einbildete. Als sie seine Schwestern kennenlernte, stellte sich heraus, dass sie genauso waren, angewidert von jedem, der sich nicht mit Pferden oder Segelsport auskannte, und ebenso angewidert von jedem, der etwas von Musik oder auch Politik verstand. Patrick und die beiden konnten gemeinsam nicht viel mehr tun, als Unwillen um sich zu verbreiten. Aber waren Billy Pope und Flo nicht ebenso schlimm, was ihre Anmaßung anging? Vielleicht. Aber es war doch ein Unterschied, und der Unterschied bestand darin, dass Billy Pope und Flo nicht beschützt wurden. Es gab Dinge, die sie betroffen machten: Auswanderer; Leute, die im Radio Französisch sprachen; Veränderungen. Patrick und seine Schwestern benahmen sich, als ob nichts sie betroffen machen könnte. Wenn sie bei Tisch herummäkelten, klangen ihre Stimmen erstaunlich kindisch; ihre Forderungen nach dem Essen, das sie mochten, ihr Ärger, wenn sie etwas auf dem Tisch sahen, das sie nicht mochten, waren wie bei Kindern. Sie hatten nie nachgeben und sich einschmeicheln und die Gunst der Welt erringen müssen; sie würden es auch nie müssen, und das kam daher, dass sie reich waren.

Rose hatte zu Anfang keine Vorstellung davon, wie reich Patrick war. Niemand glaubte ihr das. Alle glaubten, sie sei berechnend und schlau gewesen, und sie war so weit davon entfernt, schlau zu sein, dass es ihr wirklich nichts ausmachte, wenn die Leute das annahmen. Es stellte sich heraus, dass andere Mädchen es versucht und nicht wie sie den richtigen Ton getroffen hatten. Ältere Mädchen, Mädchen aus der Studentenverbindung, die sie vorher nie zur Kenntnis genommen hatten, begannen sie mit Staunen und Respekt zu behandeln. Und als Dr. Henshawe sah, dass die Sache ernster war, als sie vermutet hatte, und sich mit Rose zu einem Gespräch darüber zusammensetzte, nahm sogar sie an, es gehe ihr um das Geld.

»Es ist kein geringer Sieg, die Aufmerksamkeit des Erben eines Wirtschaftsimperiums auf sich zu lenken«, sagte Dr. Henshawe und meinte es ironisch und ernst zugleich. »Ich verachte Geld und Gut nicht«, sagte sie. »Manchmal wünsche ich mir, etwas davon zu haben.« (Glaubte sie wirklich, sie hätte nichts?) »Ich bin sicher, dass du lernen wirst, einen guten

Gebrauch davon zu machen. Aber was ist mit deinem Ehrgeiz, Rose? Was ist mit deinem Studium und deinem Examen? Wirst du das alles so schnell vergessen?«

Wirtschaftsimperium war ein reichlich hoch gegriffener Ausdruck. Patricks Familie besaß eine Kaufhauskette in British Columbia. Alles, was Patrick Rose erzählt hatte, war, dass sein Vater ein paar Geschäfte besaß. Als sie von »zwei verschiedenen Welten« sprach, dachte sie, er wohne wahrscheinlich in einem recht ansehnlichen Haus, ähnlich den Häusern in Dr. Henshawes Nachbarschaft. Sie dachte an die wohlhabendsten Geschäftsleute in Hanratty. Sie konnte sich nicht vorstellen, was für einen Coup sie gelandet hatte, weil es für sie ein Coup gewesen wäre, wenn der Sohn des Metzgers oder des Juweliers sich für sie interessiert hätte; die Leute würden sagen, sie habe sich verbessert.

Sie sah sich dieses Bild an. Sie suchte es in einem Kunstbuch in der Bibliothek heraus. Sie studierte das Bettlermädchen, es war demütig und sinnlich mit seinen scheuen weißen Füßen. Die sanfte Ergebenheit, die Hilflosigkeit und Dankbarkeit. Sah Patrick Rose so? Konnte sie so sein? Sie würde diesen König brauchen, so wachsam und dunkel wie er aussah. Er konnte sie mit seinem kühnen Verlangen völlig verwirren. Bei ihm würde es keine Entschuldigungen geben, nichts von diesem Zurückweichen, diesem Mangel an Vertrauen, das in allen Unterhaltungen mit Patrick zutage trat.

Sie konnte Patrick nicht abweisen. Sie konnte es wirklich nicht. Was sie nicht ignorieren konnte, war nicht die Menge Geld, sondern die Stärke seiner Liebe. Sie glaubte, sie bedaure ihn, sie müsse ihn unterstützen. Es war, als sei er in einer Menschenmenge auf sie zugekommen und habe einen großen, einfachen, glänzenden Gegenstand getragen – ein riesiges Ei vielleicht, aus massivem Silber, etwas von zweifelhaftem Nutzen und ungeheurem Gewicht – und habe ihn ihr angeboten, ja ihn ihr geradezu zugeworfen, und sie gebeten, ihm etwas von seinem Gewicht abzunehmen. Wenn sie ihn zurückwarf, wie würde er ihn tragen können? Aber in dieser Erklärung fehlte etwas. Ihr eigener Hunger fehlte, nicht nach Reichtum, sondern nach Verehrung. Die Stärke, das Gewicht, der Glanz dessen, was er Liebe nannte (und sie zweifelte nicht daran), mussten sie beeindrucken, auch wenn sie eigentlich nie danach verlangt hatte. Es war sehr unwahrscheinlich, dass ihr ein solches Geschenk noch einmal zuteilwerden würde. Patrick selbst war sogar, wenn auch voll Verehrung, in einer indirekten Weise für ihr Glück dankbar. Sie hatte immer gedacht, es würde so kommen, jemand würde sie ansehen und völlig und maßlos lieben. Gleichzeitig hatte sie gedacht, dass niemand sie mochte, niemand sie überhaupt haben wollte, und bis jetzt war es auch so gewesen. Was einen begehrenswert machte, war nicht etwas, das man tat, es war etwas, das man hatte, und wie konnte man je wissen, ob man es hatte? Sie betrachtete sich manchmal im Spiegel und dachte: *Frau, Liebling.* Solche sanften, reizenden Worte. Wie konnten sie ihr gelten? Es war ein Wunder; es war ein Irrtum. Es war etwas, wovon sie geträumt hatte; es war nicht, was sie wollte.

Sie wurde sehr müde, reizbar, schlaflos. Sie versuchte, mit Bewunderung an Patrick zu denken. Sein mageres, hellhäutiges Gesicht sah wirklich sehr gut aus. Er musste eine Menge wissen. Er benotete Arbeiten, überwachte Prüfungen; er war dabei, seine Dissertation abzuschließen. Um ihn war ein Geruch von Pfeifentabak und rauer Wolle, den sie mochte. Er war vierundzwanzig. Kein anderes ihr bekanntes Mädchen, das einen Freund hatte, hatte einen, der so alt war.

Dann dachte sie auf einmal unvermutet daran, wie er gesagt hatte: »Ich glaube, ich wirke nicht sehr männlich.« Sie dachte daran, wie er gefragt hatte: »Liebst du mich? Liebst du mich wirklich?« Er schaute sie dabei besorgt und bedrohlich an. Wenn sie dann Ja sagte, sagte er, wie glücklich er sei, wie glücklich sie seien, er sprach von Freunden, die er hatte, und ihren Mädchen und verglich deren Liebesgeschichten zu ihrem Nachteil mit seiner und der von Rose. Rose schauderte vor Verwirrung und Elend. Sie hatte sich selbst ebenso satt wie ihn, sie hatte das Bild satt, das sie in diesem Augenblick boten, als sie durch einen verschneiten Park in der Stadt gingen, ihre Hand in Patricks, beide in seiner Tasche. Empörende und grausame Stimmen wurden in ihr laut. Sie musste etwas tun, um sie nicht herauszulassen. Sie begann ihn zu kitzeln und zu necken.

Vor Dr. Henshawes Haustür im Schnee küsste sie ihn, versuchte ihn dazu zu bringen, dass er seinen Mund aufmachte, sie tat schändliche Dinge mit ihm. Wenn er sie küsste, waren seine Lippen sanft; seine Zunge war scheu; er brach fast über ihr zusammen, statt sie zu halten, sie konnte keine Kraft in ihm entdecken.

»Du bist so süß. Du hast so schöne Haut. So hübsche Augenbrauen. Du bist so zart.«

Sie hörte es gern, jeder würde das gern hören. Aber sie sagte warnend: »Ich bin nicht so zart. Ich bin ganz schön robust.«

»Du weißt nicht, wie ich dich liebe. Ich habe ein Buch, das *Die weiße Göttin* heißt. Jedes Mal, wenn ich den Titel sehe, muss ich an dich denken.«

Sie machte sich von ihm los. Sie bückte sich und nahm eine Handvoll Schnee von dem Haufen neben den Stufen und klatschte sie ihm auf den Kopf.

»Mein weißer Gott.«

Er schüttelte den Schnee ab. Sie raffte noch mehr zusammen und bewarf ihn damit. Er lachte nicht, er war überrascht und beunruhigt. Sie streifte den Schnee aus seinen Brauen und leckte ihn von seinen Ohren. Sie lachte, obwohl sie eher verzweifelt als fröhlich war. Sie wusste nicht, was sie dazu brachte, das alles zu tun.

»Dr. Henshawe«, zischte Patrick. Die zarte, poetische Stimme, die er gebrauchte, um sie zu preisen, konnte völlig verschwinden, konnte in Protest und Ärger umschlagen, ohne jeden Übergang.

»Dr. Henshawe wird dich hören!«

»Dr. Henshawe sagt, du seist ein ehrenwerter junger Mann«, sagte Rose träumerisch. »Ich glaube, sie ist in dich verliebt.« Es stimmte. Dr. Henshawe hatte das gesagt. Und es stimmte auch tatsächlich. Er konnte es nicht ertragen, dass Rose so redete. Sie blies auf den Schnee in seinen Haaren. »Warum gehst du nicht und entjungferst sie? Ich bin sicher, sie ist noch Jungfrau. Das ist ihr Fenster. Warum tust du es nicht?« Sie strich ihm über die Haare, dann steckte sie ihre Hand unter seinen

Mantel, rieb an der Vorderseite seiner Hose. »Er steht dir!«, sagte sie triumphierend. »Ach, Patrick! Du hast einen Ständer wegen Dr. Henshawe!« Nie vorher hatte sie etwas Derartiges gesagt, nie hatte sie sich auch nur annähernd so benommen.

»Halt den Mund!«, sagte Patrick gequält. Aber sie konnte es nicht. Sie hob den Kopf und tat so, als spreche sie mit lautem Flüstern nach oben zu einem Fenster: »Dr. Henshawe! Kommen Sie und sehen Sie, was Patrick für Sie hat!« Ihre grausame Hand machte sich an seinem Hosenschlitz zu schaffen. Um sie zu bremsen, um sie zur Ruhe zu bringen, musste Patrick mit ihr kämpfen. Er legte ihr eine Hand auf den Mund, mit der anderen Hand wehrte er sie von seinem Reißverschluss ab. Die großen weiten Ärmel seines Mantels schlugen wie schlaffe Flügel. Sobald er anfing zu kämpfen, war sie erleichtert – das hatte sie von ihm gewollt, irgendeine Art von Aktivität. Aber sie musste weiter Widerstand leisten, bis er sich wirklich als stärker erwiesen hatte. Sie hatte Angst, dass er das nicht vermochte.

Aber er vermochte es. Er zwang sie nieder, auf die Knie, mit dem Gesicht in den Schnee. Er riss ihr die Arme nach hinten und rieb ihr Gesicht im Schnee. Dann ließ er sie los, und fast hätte er das Ganze verdorben.

»Bist du in Ordnung? Wirklich? Es tut mir leid. Rose?« Sie taumelte hoch und drängte ihr schneebedecktes Gesicht an seines. Er wich zurück.

»Küss mich! Küss den Schnee! Ich liebe dich.«

»Wirklich?«, fragte er traurig und streifte den Schnee aus ihrem Mundwinkel und küsste sie in begreiflicher Verwirrung. »Wirklich?«

Dann ging im Haus ein Licht an; es überflutete sie und den zertrampelten Schnee, und Dr. Henshawe rief über ihren Köpfen: »Rose! Rose!«

Sie rief mit einer geduldigen, ermutigenden Stimme, als habe Rose sich in der Nähe im Nebel verirrt und man müsse ihr den Weg nach Hause weisen.

»Liebst du ihn, Rose?«, fragte Dr. Henshawe. »Nein, denk darüber nach. Liebst du ihn?« Ihre Stimme war von Zweifel und Ernst erfüllt. Rose atmete tief ein und antwortete, als sei sie voll ruhiger Gelassenheit: »Ja, ich liebe ihn.«

»Nun, dann ist es gut.«

Mitten in der Nacht wachte Rose auf und aß Schokolade. Sie gierte nach Süßigkeiten. Oft begann sie während des Unterrichts oder mitten in einem Film an Fondants oder Nusskuchen oder an einen anderen Kuchen zu denken, den Dr. Henshawe in der Europäischen Bäckerei kaufte; er war mit köstlicher bitterer Schokolade gefüllt, die herausquoll und auf den Teller lief. Immer, wenn sie an sich und Patrick zu denken versuchte, immer, wenn sie sich entschloss, nun zu entscheiden, wie ihre Gefühle wirklich waren, kam ihr dieses Verlangen dazwischen.

Sie nahm zu, und sie bekam ein ganzes Nest von Pickeln zwischen den Brauen.

Ihr Schlafzimmer war kalt, es lag über der Garage und hatte Fenster nach drei Seiten. Abgesehen davon war es angenehm. Über dem Bett hingen gerahmte Fotos von griechischen Landschaften und Ruinen, die Dr. Henshawe auf ihrer Mittelmeerreise aufgenommen hatte.

Sie schrieb einen Aufsatz über die Stücke von Yeats. In einem der Stücke wird eine junge Braut von Feen aus ihrer vernünftigen, aber unerträglichen Ehe weggelockt.

»Komm fort, o Menschenkind ...«, las Rose, und ihre Augen füllten sich mit Tränen, als sei sie diese scheue, zurückweichende Jungfrau, die zu edel ist für die ratlosen Bauern, die sie eingefangen haben. Im wirklichen Leben war sie der Bauer, der den großherzigen Patrick erschreckte, aber er versuchte nicht zu entkommen.

Sie nahm eine der griechischen Fotografien herunter und verdarb die Tapete, indem sie den Anfang eines Gedichts darauf schrieb, der ihr eingefallen war, während sie im Bett Schokolade aß und der Wind von Gibbons Park um die Garagenwand strich.

Unbedacht in meinem dunklen Schiff
Trag ich eines Irren Kind ...

Sie schrieb es nie weiter und überlegte manchmal, ob sie nicht unbedeckt gemeint hatte. Sie radierte es aber auch nicht weg.

Patrick teilte eine Wohnung mit zwei anderen Doktoranden. Er lebte bescheiden, hatte keinen Wagen und gehörte auch keiner Verbindung an. Seine Kleider waren von der üblichen akademischen Schäbigkeit. Seine Freunde waren Söhne von Lehrern und Geistlichen. Er sagte, sein Vater habe ihn um ein Haar verstoßen, weil er ein Intellektueller werde. Er sagte, er werde nie ins Geschäft einsteigen.

Sie kamen am frühen Nachmittag in die Wohnung zurück, da sie wussten, dass die beiden anderen Studenten dann fort waren. Die Wohnung war kalt. Sie zogen sich schnell aus und legten sich in Patricks Bett. Nun war der Augenblick gekommen. Sie klammerten sich aneinander, zitterten und kicherten. Rose kicherte. Sie hatte das Bedürfnis, ständig heiter zu sein. Sie hatte schreckliche Angst, dass sie es nicht zustande bringen würden, dass eine große Erniedrigung bevorstand, eine völlige Enthüllung ihrer armseligen Tricks und Kniffe. Aber die Tricks und Kniffe waren nur auf Roses Seite vorhanden. Patrick war kein Schwindler; er schaffte es trotz wahnsinniger Verlegenheit und vielen Entschuldigungen; er kam nach einigem Keuchen und Zappeln zur Ruhe. Rose war keine Hilfe, statt ehrlicher Passivität wand sie sich in flatternder Begierde, es war eine ungeschickte Nachahmung von Leidenschaft. Sie war froh, als es vorbei war; das brauchte sie nicht zu spielen. Sie hatten getan, was andere auch taten, sie hatten getan, was Liebespaare taten. Sie dachte an eine Feier. Was ihr einfiel, war etwas Köstliches zum Essen, ein Fruchteis bei Boomer, Apfelkuchen mit heißer Zimtsoße. Sie war ganz und gar nicht auf Patricks Vorschlag gefasst, sie sollten dableiben und es noch mal versuchen.

Als sich dann Genuss einstellte, es war beim fünften oder sechsten Mal, dass sie zusammen waren, verlor sie völlig den Kopf; ihr leidenschaftliches Verhalten war zur Ruhe gekommen.

Patrick sagte: »Was ist los?«

»Nichts!«, sagte Rose und drehte sich noch einmal strahlend und hellwach um. Aber sie nahm ihn weiter nicht zur

Kenntnis, die neuen Ereignisse kamen dazwischen, und sie musste schließlich in diesem Kampf nachgeben, mehr oder weniger ohne auf Patrick Rücksicht zu nehmen. Als sie ihn wieder wahrnehmen konnte, überschüttete sie ihn mit Dankbarkeit; sie war jetzt wirklich dankbar, und sie wollte Vergebung, obwohl sie es so nicht ausdrücken konnte, für all ihre unechte Dankbarkeit, ihre Gönnerhaftigkeit, ihre Zweifel.

Warum sollte sie so viele Zweifel haben, dachte sie, als sie behaglich im Bett lag, während Patrick hinausging, um Pulverkaffee zu kochen. Könnte es nicht möglich sein, dass sie so empfand, wie sie vorgab? Wenn diese sexuelle Überraschung möglich war, warum nicht alles andere auch? Patrick war keine große Hilfe; seine galante Art und die Selbsterniedrigung gepaart mit den Schimpfereien entmutigten sie. Aber lag der wirkliche Fehler nicht bei ihr? In ihrer Gewissheit, dass jeder, der sich in sie verlieben konnte, hoffnungslos verrückt sein musste, sich schließlich als Spinner erweisen musste? Sie vergegenwärtigte sich alles, was an Patrick närrisch war, selbst wenn sie dachte, sie suche nach Dingen, die meisterhaft und bewundernswert waren. In diesem Augenblick, in seinem Bett, in seinem Zimmer, umgeben von seinen Büchern und Kleidern, seinen Schuhbürsten und seiner Schreibmaschine und ein paar aufgehängten Zeichnungen – sie setzte sich im Bett auf, um sie zu betrachten, und sie waren wirklich ganz spaßig, er ließ wohl alles spaßig werden, wenn sie nicht hier war –, konnte sie ihn als einen liebenswerten, intelligenten, ja selbst humorvollen Menschen sehen; kein Held; kein Narr. Vielleicht konnten sie ganz normal sein. Wenn er nur beim Hereinkommen jetzt nicht anfing, ihr zu danken, sie zu streicheln und anzubeten. Sie mochte eigentlich diese Anbetung nicht; sie mochte nur die Vorstellung davon. Andererseits mochte sie es nicht, wenn er anfing, sie zu korrigieren und zu kritisieren. Es gab vieles, was er ändern wollte.

Patrick liebte sie. Was liebte er an ihr? Nicht ihre Aussprache, die er energisch zu verbessern suchte, obwohl Rose oft widerspenstig und unvernünftig war und allen Anzeichen zum Trotz behauptete, sie spreche gar nicht wie vom Land, jeder spreche so wie sie. Nicht ihre zappelige sexuelle Kühnheit (seine Erleichterung über ihre Jungfräulichkeit entsprach der ihrigen über seine Leistung im Bett). Sie konnte ihn durch ein vulgäres Wort, einen affektierten Ton zurückschrecken lassen. In Bewegung und Sprache zerstörte sie sich die ganze Zeit vor seinen Augen, er aber schaute einfach durch sie hindurch, durch all die Verwirrung, die sie stiftete, und liebte irgendein harmloses Bild, das sie selbst nicht sehen konnte. Und seine Hoffnungen waren hoch gesteckt. Ihre Aussprache konnte man verbessern, ihre Freunde konnte man zweifelhaft erscheinen und verschwinden lassen, ihre Vulgarität konnte man einzuschränken versuchen.

Und was war mit all dem Übrigen an ihr? Energie, Trägheit, Unzufriedenheit, Ehrgeiz? Sie verheimlichte das alles. Er hatte keine Ahnung. Bei all ihren Zweifeln an ihm wollte sie keinesfalls, dass er aufhörte, sie zu lieben.

Sie machten zwei Reisen.

Sie fuhren während der Osterferien mit der Bahn nach British Columbia. Patricks Eltern schickten ihm das Geld für seine

Fahrkarte. Er bezahlte für Rose, indem er alles aufbrauchte, was er auf der Bank hatte und noch bei einem seiner Zimmergenossen borgte. Er sagte ihr, sie solle seine Eltern nicht wissen lassen, dass sie ihre Fahrkarte nicht selbst bezahlt hatte. Sie begriff, dass er meinte, sie solle nicht merken lassen, dass sie arm war. Er verstand nichts von Frauenkleidung, sonst hätte er das nicht für möglich gehalten. Dabei hatte sie getan, was sie konnte. Sie hatte sich Dr. Henshawes Regenmantel für das Wetter an der Küste ausgeliehen. Er war ein bisschen lang, aber sonst dank Dr. Henshawes jugendlich-klassischem Geschmack passend. Sie hatte noch mehr Blut gespendet und einen flauschigen Angorapullover gekauft, pfirsichfarben, der höchst unsauber aussah und wirkte wie das, was sich ein Kleinstadtmädchen unter feiner Kleidung vorstellte. Sie bemerkte solche Dinge immer erst, wenn der Kauf getätigt war, vorher nicht.

Patricks Eltern wohnten auf Vancouver Island, in der Nähe von Sidney. Etwa ein halber Morgen kurzgeschorener grüner Rasen – grün mitten im Winter; der März schien Rose mitten im Winter zu liegen – erstreckte sich bis zu einer Steinmauer und einer schmalen kiesigen Bucht und dem Meer hinunter. Das Haus war halb aus Stein, halb aus Fachwerk. Es war im Tudorstil und in anderen Stilarten gebaut. Die Fenster des Wohnzimmers, des Esszimmers, der Halle gingen alle auf das Meer hinaus, und wegen der heftigen Winde, die manchmal von der Küste her wehten, waren sie aus dickem Glas, Sicherheitsglas, vermutete Rose, wie die Schaufenster des Autosalons in Hanratty. Die Wand des Esszimmers nach der Seeseite bestand nur aus Fenstern, die leicht gewölbt waren; man schaute durch das dicke Glas wie durch den Boden einer Flasche. Auch die Anrichte hatte eine gebogene, spiegelnde Wölbung und schien groß wie ein Boot. Größe war überall spürbar und vor allem Dicke. Die Dicke der Handtücher und Teppiche, der Griffe von Messern und Gabeln – und des Schweigens. Es war eine schreckliche Ansammlung von Luxus und Unbehagen. Nachdem Rose etwa einen Tag dort verbracht hatte, wurde sie so mutlos, dass sich ihre Hand- und Fußgelenke ganz schwach anfühlten. Messer und Gabel aufzunehmen war Schwerstarbeit; das tadellose Roastbeef zu schneiden und zu kauen ging fast über ihre Kräfte; beim Treppensteigen geriet sie außer Atem. Sie hatte vorher nicht gewusst, dass manche Orte einen ersticken, einem tatsächlich die Luft zum Atmen nehmen können. Sie hatte das nicht gewusst, trotz einer ganzen Anzahl unerfreulicher Orte, an denen sie gewesen war.

Am ersten Morgen nahm Patricks Mutter sie zu einem Spaziergang über das Grundstück mit, sie zeigte ihr das Gewächshaus, das Häuschen, in dem »das Ehepaar« wohnte: ein reizendes, efeuranktes Landhaus mit Fensterläden, das größer war als Dr. Henshawes Haus. Das Ehepaar, die Angestellten, waren gebildeter, taktvoller und würdiger als irgendjemand, den Rose in Hanratty kannte, und in dieser Hinsicht waren sie auch Patricks Familie wirklich überlegen. Patricks Mutter zeigte ihr den Rosengarten, den Küchengarten. Dort gab es viele niedrige Steinmauern.

»Patrick hat sie gebaut«, sagte seine Mutter. Sie erklärte alles mit einer Gleichgültigkeit, die an Widerwillen grenzte.

»Er hat all diese Mauern gebaut.«

Roses Stimme war voll gekünstelter Zustimmung, eifrig und unpassend enthusiastisch.

»Er muss ein richtiger Schotte sein«, sagte sie. Patrick war ein Schotte trotz seines Namens. Die Blatchfords waren aus Glasgow gekommen. »Waren die besten Steinmetze nicht immer Schotten?« Sie hatte erst vor ganz kurzer Zeit gelernt, nicht *Scotch* zu sagen. »Vielleicht waren Vorfahren von ihm Steinmetze.«

Später wand sie sich, wenn sie an diese Bemühungen dachte, diese vorgegebene Ungezwungenheit und Fröhlichkeit, die ebenso billig und unecht waren wie ihre Kleider.

»Nein«, sagte Patricks Mutter. »Nein. Ich glaube nicht, dass sie Steinmetze waren.« Etwas wie ein Nebel ging von ihr aus: Beleidigung, Ablehnung, Schrecken. Rose dachte, sie sei vielleicht gekränkt durch ihre Andeutung, dass man in der Familie ihres Mannes mit den Händen gearbeitet habe. Als sie sie besser kennengelernt hatte – oder sie länger beobachtet hatte; es war unmöglich, sie kennenzulernen –, begriff sie, dass Patricks Mutter alles Phantasievolle, Spekulative, Abstrakte im Gespräch ablehnte. Jegliches Interesse, das über die sachliche Betrachtung vorliegender Fragen hinausging – Essen, Wetter, Einladungen, Möbel, Angestellte –, schien ihr verschwommen, ungehörig und gefährlich. Es war schon recht, wenn man sagte: »Ein warmer Tag heute«, aber nicht: »Dieser Tag erinnert mich daran, wie wir …« Sie hasste Leute, die sich *erinnert* fühlten.

Sie war das einzige Kind eines der ersten Holzmagnaten von Vancouver Island. Sie war in einer aufgelösten Siedlung im Norden zur Welt gekommen. Aber immer, wenn Patrick sie dazu bringen wollte, von früher zu erzählen, immer, wenn er auch nur nach den einfachsten Dingen fragte – was für Dampfer die Küste heraufkamen, in welchem Jahr die Siedlung aufgegeben wurde, wie die Trasse der ersten Holzbahn verlief –, sagte sie gereizt: »Ich weiß es nicht. Wie sollte ich etwas davon wissen?« Diese Gereiztheit war der stärkste Ausdruck, der je aus ihren Worten klang.

Auch Patricks Vater kümmerte sich nicht um sein Interesse an der Vergangenheit. Vieles an Patrick, ja das meiste an ihm, schien ihm ein schlechtes Vorzeichen.

»Wozu willst du das alles wissen?«, rief er über den Tisch hinweg. Er war ein kleiner Mann mit breiten Schultern und rotem Gesicht und erstaunlich streitlustig. Patrick sah seiner Mutter ähnlich, die groß war und blond und elegant in der dezentesten Weise, die man sich denken konnte, als ob ihre Kleider, ihr Make-up, ihr ganzer Stil mit der Absicht ausgewählt wurden, vollkommene Ausdruckslosigkeit herzustellen.

»Weil ich mich für Geschichte interessiere«, sagte Patrick mit ärgerlicher, lauter, aber nervös überkippender Stimme.

»Weil-ich-mich-für-Geschichte-interessiere«, äffte ihn seine Schwester Marion treffend nach. »Geschichte!«

Die Schwestern Joan und Marion waren jünger als Patrick und älter als Rose. Ganz anders als Patrick zeigten sie keine Nervosität, keine Sprünge in ihrer Selbstsicherheit. Bei einem früheren Essen hatten sie Rose ausgefragt.

»Reitest du?«

»Nein.«

»Segelst du?«

»Nein.«

»Tennis? Golf? Badminton?« Nein. Nein. Nein.

»Vielleicht ist sie ein intellektuelles Genie wie Patrick«, sagte der Vater. Und zu Roses Schrecken und Verlegenheit fing Patrick an, eine Aufzählung ihrer Stipendien und Preise über den ganzen Tisch zu brüllen. Was erwartete er? War er töricht genug zu glauben, eine solche Prahlerei würde sie zum Schweigen bringen, würde etwas anderes als noch mehr Spott provozieren? Die Familie schien vereint gegen Patrick, gegen sein lautstarkes Prahlen, seine Verachtung für Sport und Fernsehen, seine sogenannten intellektuellen Interessen. Aber dieses Bündnis war nur zeitweilig vorhanden. Die Abneigung des Vaters gegen seine Töchter war nur gering im Vergleich zu der Ablehnung Patricks. Er schimpfte auch auf sie, wenn er einen Augenblick Zeit hatte; er spottete über die viele Zeit, die sie bei ihrem Sport vertaten, klagte über die Kosten für die Ausrüstung, die Boote, die Pferde. Und sie zankten miteinander über unverständliche Fragen von Schulden und Krediten und Schadensersatz. Alle beklagten sich bei der Mutter über das Essen, das reichhaltig und ausgezeichnet war. Die Mutter redete so wenig wie möglich mit ihnen allen, und, um die Wahrheit zu sagen, Rose konnte sie verstehen. Sie hatte sich nie so viel echte Bosheit auf einmal vorstellen können. Billy Pope war ein Frömmler und ein Meckerer, Flo war launisch, ungerecht und geschwätzig, ihr Vater, als er noch lebte, war kalter Urteile und unwiderruflicher Ablehnung fähig gewesen; aber verglichen mit Patricks Familie waren Roses Leute allesamt wohlwollend und zufrieden.

»Sind sie immer so?«, fragte sie Patrick. »Ist es meinetwegen? Sie mögen mich nicht.«

»Sie mögen dich nicht, weil ich dich ausgesucht habe«, sagte Patrick mit einer gewissen Befriedigung.

Sie lagen abends im Dunkeln in ihren Regenmänteln an der steinigen Bucht, umarmten und küssten sich und versuchten – unbequem und erfolglos – noch etwas mehr. Rose bekam Seetangflecken auf Dr. Henshawes Regenmantel. Patrick sagte: »Siehst du, warum ich dich brauche? Ich brauche dich so sehr!«

Sie nahm ihn mit nach Hanratty. Es kam genauso schlimm, wie sie es sich vorgestellt hatte. Flo hatte sich große Mühe gegeben und Pellkartoffeln, Rüben und dicke Landwürste gekocht, die ein besonderes Geschenk von Billy Pope aus dem Metzgerladen waren. Patrick verabscheute deftiges Essen und gab auch gar nicht vor, etwas davon zu mögen. Der Tisch war mit einem Plastiktischtuch gedeckt, sie aßen im Licht der Neonröhre. Der Tafelschmuck war neu und besonders für diese Gelegenheit gedacht. Ein Plastikschwan von kalkig-grüner Farbe mit Schlitzen in den Flügeln, in denen gefaltete farbige Papierservietten steckten. Billy Pope wurde aufgefordert, eine zu nehmen, er brummte und nahm keine. Im Übrigen war sein Benehmen ungeheuer gut. Er hatte davon gehört, sie beide hatten davon gehört, von Roses Eroberung. Es war von den Bessergestellten in Hanratty erzählt worden; sonst hätten sie es nicht geglaubt. Kundinnen in der Metzgerei – gewaltige Damen, die Frau des Zahnarztes, die Frau des Tierarztes – hatten Billy Pope gesagt, Rose habe einen Millionär aufgegabelt. Rose wusste, dass Billy Pope morgen mit Geschichten über den Millionär wieder zur Arbeit gehen würde und dass alle diese Geschichten in seinem – Billy Popes – forschen und furchtlosen Verhalten in dieser Situation gipfeln würden.

»Wir setzen ihn einfach hin und geben ihm ein paar Würste, ganz egal, wo der herkommt!«

Sie wusste, auch Flo würde ihre Bemerkungen machen, Patricks Nervosität würde ihr nicht entgehen, sie würde seine Stimme nachmachen können und seine tapsigen Hände, die die Ketchupflasche umgestoßen hatten. Aber im Augenblick saßen sie beide in erbärmlich düsterer Stimmung über den Tisch gebeugt. Rose versuchte, ein Gespräch in Gang zu bringen, sie sprach fröhlich, unnatürlich, fast als sei sie ein Interviewer, der versucht, zwei einfache Leute aus dem Ort zum Reden zu bringen. Sie schämte sich für mehr, als sie aufzählen konnte. Sie schämte sich wegen des Essens und des Schwans und des Plastiktischtuchs; sie schämte sich für Patrick, den misslaunigen Snob, der eine erschreckte Grimasse schnitt, als Flo ihm den Zahnstocherhalter zuschob; sie schämte sich für Flo und ihre Schüchternheit und Heuchelei und ihr Getue; am meisten schämte sie sich für sich selbst. Sie konnte ja nicht einmal sprechen und dabei natürlich wirken. In Patricks Beisein konnte sie nicht zu einer Sprache zurückkehren, die der von Flo, Billy Pope und Hanratty ähnlich war. Dieser Akzent beleidigte jetzt jedenfalls ihre Ohren. Es war nicht nur die andere Aussprache, sondern eine völlig andere Einstellung zum Sprechen selbst. Sprechen hieß hier schreien; die Worte wurden auseinandergerissen und betont, so dass die Leute sich gegenseitig damit bombardieren konnten. Und was die Leute sagten, klang wie Zeilen aus den abgedroschensten ländlichen Komödien. *Na, un wenn's nu 'n Kerl spitzkriegt?*, sagten sie. Sie sagten das tatsächlich. Wenn Rose sie mit Patricks Augen sah, mit seinen Ohren hörte, musste auch sie bestürzt sein.

Sie versuchte, sie zu einem Gespräch über die Geschichte des Ortes zu bewegen, über Dinge, von denen sie glaubte, sie könnten Patrick interessieren. Sofort begann Flo zu erzählen, sie ließ sich nicht länger aufhalten, trotz aller bösen Ahnungen. Das Gespräch nahm eine ganz andere Richtung, als Rose es beabsichtigt hatte.

»Die Zeile, in der ich wohnte, als ich noch jung war«, sagte Flo, »das war der schlimmste Ort, um sich umzubringen.«

»Eine Zeile ist eine Straße mit gepachteten Häusern. Auf dem Dorf«, sagte Rose zu Patrick. Sie war skeptisch, was das jetzt Kommende anging, und das mit Recht, denn nun bekam Patrick etwas über einen Mann zu hören, der sich die Kehle durchgeschnitten hatte, *die eigene Kehle*, von einem Ohr zum andern, von einem Mann, der auf sich selbst schoss und nicht genug damit erreichte, also noch einmal nachlud und schoss und es dann schaffte, von einem andern Mann, der sich aufhängte, und zwar mit einer Kette, es war so eine Kette, mit der man den Traktor festmacht, da war es ein Wunder, dass ihm der Kopf nicht abgerissen wurde.

»Rausgerissen«, sagte Flo.

Sie kam auf eine Frau zu sprechen, die, obwohl es kein Selbstmord war, eine Woche lang tot in ihrem Haus lag, ehe man sie fand, und das im Sommer. Sie forderte Patrick auf, sich das mal vorzustellen. Das alles passierte, so sagte Flo, in einem Umkreis von fünf Meilen um den Ort, wo sie geboren war. Sie brachte Beweise vor, sie wollte Patrick nicht erschrecken, wenigstens nicht mehr, als in freundschaftlicher Weise annehmbar war; sie wollte ihn nicht aus der Fassung bringen. Wie konnte er das verstehen?

»Du hattest Recht«, sagte Patrick, als sie Hanratty im Bus verließen. »Es ist ein Loch. Du musst froh sein, wegzukommen.«

Rose hatte sofort das Gefühl, dass er das nicht hätte sagen sollen.

»Natürlich ist sie nicht deine richtige Mutter«, sagte Patrick. »Deine richtigen Eltern können nicht so gewesen sein.« Rose gefiel auch nicht, dass er das sagte, obwohl es das war, was sie selbst glaubte. Sie sah, dass er versuchte, ein vornehmeres Milieu für sie zu schaffen, vielleicht etwas wie das Zuhause seiner armen Freunde: ein paar Bücher irgendwo, ein Teetablett, geflickte Wäsche, abgenutzter guter Geschmack; stolze, müde, gebildete Menschen. Was für ein Feigling er war, dachte sie ärgerlich, aber sie wusste, dass sie selbst der Feigling war, dass sie doch keine Möglichkeit fand, mit ihren Leuten oder ihrer Küche oder überhaupt mit allem zurechtzukommen. Jahre später sollte sie lernen, wie man damit umging, da sollte sie imstande sein, bei Einladungen zum Abendessen nette Leute mit Schlaglichtern auf ihr früheres Zuhause zu amüsieren oder zu verschrecken. Im Augenblick spürte sie nur Verwirrung und Elend.

Dennoch begann ihre Loyalität sich zu regen. Nachdem sie jetzt sicher war, dort wegzukommen, festigte sich eine Schicht von Loyalität und Beschützerwillen um jede Erinnerung, die sie hatte, um den Laden und die Stadt, die flache, etwas kümmerliche und wenig bemerkenswerte Landschaft. Sie würde dies heimlich Patricks Aussichten auf Berge und Meer, seinem Herrenhaus aus Stein und Holz gegenüberstellen. Ihre Anhänglichkeit war sehr viel stolzer und hartnäckiger als seine.

Aber es zeigte sich, dass Patrick überhaupt nichts hinter sich ließ.

Patrick schenkte ihr einen Brillantring und kündigte an, er werde ihretwegen seine Laufbahn als Historiker aufgeben. Er werde in das Geschäft seines Vaters eintreten.

Sie sagte, sie habe angenommen, er hasse das Geschäft seines Vaters. Er sagte, er könne es sich nicht leisten, einen solchen Standpunkt einzunehmen, da er jetzt eine Frau zu versorgen habe.

Es sah so aus, als werde Patricks Wunsch zu heiraten, ja selbst Rose zu heiraten, von seinem Vater als Zeichen geistiger Gesundung betrachtet. Breite Strähnen der Großmut mischten sich in all die Böswilligkeit der Familie. Sein Vater bot ihm auf einmal eine Stelle in einem seiner Kaufhäuser an, erbot sich, ihnen ein Haus zu kaufen. Patrick war außerstande, dieses Angebot zurückzuweisen, ebenso wie Rose seines nicht zurückzuweisen vermochte, und seine Gründe waren ebenso wenig selbstsüchtig wie die ihren.

»Werden wir ein Haus haben wie das deiner Eltern?«, fragte Rose. Sie glaubte wirklich, sie müssten in diesem Stil anfangen.

»Nun, vielleicht nicht gleich. Nicht ganz so.«

»Ich will kein solches Haus haben! Ich will so nicht leben!«

»Wir werden genauso leben, wie du es willst. Wir werden genauso ein Haus haben, wie du es magst.«

Vorausgesetzt, es ist kein Loch, dachte sie böse.

Mädchen, die sie kaum kannte, blieben stehen und wollten ihren Ring sehen, bewunderten ihn, wünschten ihr Glück. Als sie einmal übers Wochenende nach Hanratty fuhr, allein diesmal, gottlob, traf sie auf der Hauptstraße die Frau des Zahnarztes.

»Oh, Rose, ist das nicht wunderbar! Wann kommst du denn wieder einmal her? Wir wollen gerne einen Tee für dich geben, die Damen der Stadt wollen alle einen Tee für dich geben!«

Diese Frau hatte noch nie mit Rose gesprochen, sie hatte sich früher nie anmerken lassen, dass sie wusste, wer sie war. Wege öffneten sich jetzt, Schranken fielen. Und Rose – ach, das war das Schlimmste, das war das Beschämende daran –, statt die Frau des Zahnarztes zu schneiden, errötete und blitzte fröhlich mit ihrem Brillanten und sagte, ja, das sei eine herrliche Idee. Wenn die Leute sagten, wie glücklich sie sein müsse, hielt sie sich selbst für glücklich. So einfach war das. Sie spielte sich auf und strahlte und wurde zu einer Verlobten, die keinerlei Sorgen hatte. Wo werdet ihr wohnen, fragten die Leute, und sie sagte, ach, in British Columbia! Das gab der Geschichte noch mehr Reiz. Ist es wirklich so schön dort, fragten sie, ist dort wirklich nie Winter?

»Aber ja«, rief Rose. »Aber nein!«

Sie wachte früh auf, stand auf und zog sich an und schlich sich durch die Seitentür von Dr. Henshawes Garage hinaus. Es war zu früh, die Busse fuhren noch nicht. Sie ging durch den Stadtpark zu Patricks Wohnung. Sie ging quer durch den Park. Beim Denkmal für den Südafrikanischen Krieg spielten zwei Windhunde, eine alte Frau stand dabei und trug die Leinen. Die Sonne ging eben auf und schien auf ihr fahles Fell. Das Gras war nass. Osterglocken und Narzissen blühten.

Patrick kam in seinem grau und kastanienbraun gestreiften Schlafanzug an die Tür, zerzaust und mürrisch, verschlafen.

»Rose! Was ist los?«

Sie konnte nichts sagen. Er zerrte sie in die Wohnung. Sie legte die Arme um ihn und versteckte ihr Gesicht an seiner Brust und sagte mit theatralischer Stimme: »Bitte, Patrick, bitte lass mich dich nicht heiraten.«

»Bist du krank? Was ist denn los?«

»Bitte, lass mich dich nicht heiraten«, sagte sie noch einmal mit noch weniger Überzeugungskraft.

»Du bist verrückt.«

Sie war ihm nicht böse, weil er das dachte. Ihre Stimme klang so unnatürlich, schmeichlerisch, albern. Schon als er die Tür aufmachte und sie ihn vor sich stehen sah, mit seinen verschlafenen Augen und im Schlafanzug, sah sie ein, dass das, was sie hier vorhatte, ungeheuerlich und unmöglich war. Sie müsste ihm alles erklären, und das konnte sie natürlich nicht. Sie konnte ihm ihre Lage nicht klarmachen. Sie konnte keinen Tonfall ihrer Stimme, keinen Ausdruck ihres Gesichts finden, der ihr helfen würde.

»Ist dir nicht gut?«, fragte Patrick. »Was ist passiert?«

»Nichts.«

»Wie bist du überhaupt hergekommen?«

»Zu Fuß.«

Sie hatte das Bedürfnis, auf die Toilette zu gehen, niedergerungen. Es schien ihr, wenn sie ins Bad ginge, würde sie die Dringlichkeit ihres Vorhabens beeinträchtigen. Aber sie musste gehen. Sie machte sich los. Sie sagte: »Warte eine Minute, ich geh mal aufs Klo.«

Als sie wieder herauskam, hatte Patrick den elektrischen Kocher eingeschaltet und maß Pulverkaffee ab. Er sah nett und bestürzt aus.

»Ich bin noch nicht richtig wach«, sagte er. »So. Setz dich erst mal hin. Also, bekommst du deine Tage?«

»Nein.« Aber es wurde ihr mit Schrecken klar, dass das ja stimmte und dass er es nachrechnen konnte, weil sie sich letzten Monat Sorgen gemacht hatten.

»Ja, wenn du nicht deine Tage kriegst und wenn nichts passiert ist, was dich durcheinandergebracht hat, was soll dann das alles?«

»Ich will nicht verheiratet sein«, sagte sie, und sie wich damit vor dem grausamen *Ich will dich nicht heiraten* aus.

»Wann bist du zu dem Entschluss gekommen?«

»Schon lange. Heute Morgen.«

Sie sprachen nur flüsternd. Rose schaute auf die Uhr. Es war kurz nach sieben. »Wann stehen die anderen auf?«

»Ungefähr um acht.«

»Ist Milch für den Kaffee da?« Sie ging zum Kühlschrank.

»Sei leise mit der Tür«, sagte Patrick, zu spät.

»Tut mir leid«, sagte sie mit ihrer merkwürdig albernen Stimme.

»Gestern Abend sind wir spazieren gegangen, und alles war in Ordnung. Heute Morgen kommst du und sagst mir, dass du nicht heiraten willst. *Warum* willst du nicht heiraten?«

»Ich will eben nicht. Ich will nicht heiraten.«

»Was willst du denn dann?«

»Ich weiß es nicht.«

Patrick sah sie streng an, während er seinen Kaffee trank. Er, der sonst immer bettelte und fragte, *liebst du mich, liebst du mich wirklich?*, sprach jetzt nicht davon.

»Ja, ich weiß schon.«

»Was?«

»Ich weiß, wer mit dir gesprochen hat.«

»Niemand hat mit mir gesprochen.«

»O nein. Also, ich wette: Es war Dr. Henshawe.«

»Nein.«

»Manche Leute haben keine sehr hohe Meinung von ihr. Sie meinen, sie nimmt Einfluss auf Mädchen. Sie mag es nicht, wenn Mädchen, die bei ihr wohnen, einen Freund haben. Oder? Du selbst hast es mir auch gesagt. Sie mag es nicht, wenn sie normal sind.«

»Das ist es nicht.«

»Was hat sie zu dir gesagt, Rose?«

»Sie hat gar nichts gesagt.« Rose fing an zu weinen.

»Ganz sicher?«

»Ach, Patrick, hör mir zu, bitte, ich kann dich nicht heiraten, bitte, ich weiß nicht warum, ich kann nicht, bitte, es tut mir leid, glaub es mir, ich kann nicht!« Rose redete weinend auf ihn ein, und Patrick sagte: »Pst, du wirst sie aufwecken!«, hob sie oder zerrte sie vom Küchenstuhl und nahm sie mit in sein Zimmer, wo sie sich auf das Bett setzte. Er machte die Tür zu. Sie verschränkte die Arme vor dem Bauch und schaukelte vor und zurück.

»Was ist es, Rose? Was ist los? Bist du krank?«

»Es ist einfach so schwer, es dir zu sagen.«

»Mir was zu sagen?«

»Was ich dir eben gesagt habe!«

»Ich meine, ob du gemerkt hast, dass du Tbc oder irgendwas hast?«

»Nein.«

»Ist es irgendwas in deiner Familie, was du mir nicht gesagt hast? Geisteskrankheit?«

»Nein«, sagte Rose und schaukelte weiter und weinte.

»Also, was ist?«

»Ich liebe dich nicht!«, sagte sie. »Ich liebe dich nicht. Ich liebe dich nicht.«

Sie ließ sich auf das Bett fallen und wühlte den Kopf ins Kissen. »Es tut mir so leid. Es tut mir so leid. Ich kann nichts dafür.«

Nach einer kleinen Weile sagte Patrick: »Gut, wenn du mich nicht liebst, dann liebst du mich nicht. Ich zwinge dich nicht dazu.« Seine Stimme klang angespannt und böse, obwohl er etwas ganz Vernünftiges gesagt hatte. »Ich frage mich nur«, sagte er, »ob du weißt, was du willst. Ich glaube das nicht. Ich glaube nicht, dass du die leiseste Vorstellung davon hast, was du willst. Du bist einfach durcheinander.«

»Ich brauche nicht zu wissen, was ich will oder was ich nicht will!«, sagte Rose und drehte sich um. Er ließ sie los. »Ich habe dich nie geliebt.«

»Psst! Du wirst sie aufwecken. Wir müssen jetzt aufhören.«

»Ich habe dich nie geliebt. Ich wollte es auch nie. Es war ein Irrtum.«

»Schon gut. Schon gut. Du hast gewonnen.«

»Warum soll ich dich lieben müssen? Warum tust du so, als ob etwas nicht in Ordnung wäre, wenn ich es nicht tue? Du verachtest mich. Du verachtest meine Familie und meine Herkunft, und du denkst, du erweist mir eine große Ehre …«

»Ich habe mich in dich verliebt«, sagte Patrick. »Ich verachte dich nicht. Ach, Rose, ich bete dich an.«

»Du bist ein Schlappschwanz«, sagte Rose. »Und du bist prüde.« Sie sprang mit großer Erleichterung vom Bett auf, als sie das sagte. Sie fühlte sich voller Energie. Es kam noch mehr. Es kamen schreckliche Dinge.

»Du kannst es nicht einmal richtig im Bett. Ich wollte schon von Anfang an nichts damit zu tun haben. Du hast mir leidgetan. Du schaust nicht, wohin du gehst, immer schmeißt du Sachen um, nur weil es dir zu mühsam ist, auf irgendwas zu achten, du bist in dich selbst eingesponnen, und immer gibst du an, es ist so blöd, du kannst ja noch nicht einmal richtig angeben, wenn du wirklich Eindruck auf die Leute machen willst, dann schaffst du es nicht, so wie du es machst, bringst du sie nur zum Lachen!«

Patrick saß auf dem Bett und sah zu ihr auf, sein Gesicht war offen für alles, was sie noch sagen mochte. Sie hatte den Wunsch, ihn zu schlagen, immer wieder, noch schlimmere Dinge zu sagen, noch gemeinere und grausamere. Sie atmete tief, sog die Luft ein, um das, was sie in sich aufsteigen fühlte, aufzuhalten.

»Ich will dich nicht mehr sehen, nie mehr!«, sagte sie böse. Aber an der Tür drehte sie sich um und sagte mit normaler und reumütiger Stimme: »Auf Wiedersehen.«

Patrick schickte ihr eine Nachricht: »Ich verstehe nicht, was neulich passiert ist, und ich möchte mit dir darüber sprechen. Aber ich meine, wir sollten zwei Wochen warten und uns weder treffen noch sprechen und dann sehen, wie es nach dieser Zeit mit uns steht.«

Rose hatte völlig vergessen, ihm seinen Ring zurückzugeben. Als sie aus dem Apartmenthaus herauskam, trug sie ihn immer noch. Sie konnte nicht zurückgehen, und er schien ihr zu wertvoll, um ihn mit der Post zu schicken. Sie trug ihn weiterhin, vor allem weil sie Dr. Henshawe nicht erklären wollte, was geschehen war. Sie war erleichtert, als sie Patricks Nachricht bekam. Sie dachte, sie könnte ihm den Ring ja dann zurückgeben.

Sie dachte nach über das, was Patrick über Dr. Henshawe gesagt hatte. Zweifellos war manches Wahre daran, warum sonst sollte es ihr so widerstreben, Dr. Henshawe zu erzählen, dass sie ihre Verlobung aufgelöst hatte, warum würde sie so ungern ihre einfühlsame Zustimmung, ihre zurückhaltenden, erleichterten Glückwünsche entgegennehmen?

Sie sagte Dr. Henshawe, sie treffe Patrick nicht, weil sie für ihre Prüfung lerne. Rose konnte erkennen, dass sogar das sie freute.

Sie erzählte niemandem, dass ihre Lage sich geändert hatte. Nicht nur Dr. Henshawe sollte es nicht wissen. Sie wollte nicht darauf verzichten, beneidet zu werden; die Erfahrung war so neu für sie.

Sie versuchte zu überlegen, was als Nächstes geschehen musste. Sie konnte nicht mehr bei Dr. Henshawe wohnen. Es schien selbstverständlich, dass sie, wenn sie sich von Patrick trennte, sich auch von Dr. Henshawe trennen musste. Und sie wollte nicht an diesem College bleiben, wo man von ihrer aufgelösten Verlobung wusste, wo Mädchen waren, die sie jetzt beglückwünschten und sagten, sie hätten schon immer gewusst, dass es ein Glücksfall sei, dass sie Patrick erwischt habe. Sie würde eine Arbeit annehmen müssen.

Der Leiter der Bibliothek hatte ihr für den Sommer einen Job angeboten, aber das war vielleicht ein Vorschlag von Dr. Henshawe gewesen. Wenn sie erst ausgezogen war, würde das Angebot vielleicht nicht mehr gelten. Sie wusste, dass sie, statt für ihre Prüfungen zu lernen, unten in der Stadt hätte sein sollen, um sich bei Versicherungsbüros zu bewerben oder bei Bells Telefondienst oder in Kaufhäusern. Der Gedanke erschreckte sie. Sie studierte weiter. Das war ja das Einzige, was sie wirklich konnte. Schließlich war sie eine Stipendiatin.

Eines Samstagnachmittags, als sie in der Bibliothek arbeitete, sah sie Patrick. Sie sah ihn nicht zufällig. Sie ging ins Untergeschoss und versuchte dabei, auf der metallenen Wendeltreppe keinen Lärm zu machen. Im Magazin gab es eine Stelle, wo sie fast im Dunkeln stehen und in seine Lesekabine hineinsehen konnte. Sie sah seinen langen rosigen Nacken und das alte karierte Hemd, das er samstags trug. Sein langer Hals. Seine knochigen Schultern. Sie war jetzt nicht mehr erzürnt über ihn, sie war nicht mehr verschreckt; sie war frei. Sie konnte ihn anschauen wie jeden andern auch. Sie konnte ihn achten. Er hatte sich anständig benommen. Er hatte nicht versucht, ihr Mitleid zu erwecken, er hatte sie nicht gequält, er hatte sie nicht mit jämmerlichen Telefonanrufen und Briefen belästigt. Er war nicht gekommen, um sich vor Dr. Henshawes Haus zu setzen. Er war ein anständiger Mensch, und er würde nie wissen, wie sehr sie das anerkannte, wie dankbar sie ihm dafür war. Sie schämte sich jetzt der Dinge, die sie ihm gesagt hatte. Und es war ja auch nicht einmal wahr. Jedenfalls nicht alles. Er wusste, wie man es im Bett machte. Sie war so bewegt und wurde so weich und wehmütig bei seinem Anblick, dass sie ihm etwas schenken wollte, irgendeine überraschende Gabe, sie wollte sein Unglück ungeschehen machen.

Dann überkam sie ein überwältigendes Bild von sich selbst: Sie lief leise in Patricks Kabine, sie warf die Arme von hinten um ihn, sie gab ihm alles zurück. Würde er es von ihr annehmen, würde er es noch wollen? Sie sah sie beide, lachend und weinend, erklärend, vergebend. *Ich liebe dich! Ich liebe dich wirklich, es ist schon gut. Ich war schrecklich, ich habe es nicht so gemeint, ich war einfach verrückt. Ich liebe dich, es ist alles gut!* Das war eine heftige Versuchung für sie; sie konnte sie kaum bezwingen. Sie spürte einen Impuls, sich vorwärtszuwerfen. Sie konnte wirklich nicht sagen, ob sie sich von einer Klippe herab oder in ein warmes Bett von wohligem Gras und Blumen werfen wollte.

Es war schließlich einfach unbezwingbar. Sie tat es.

Wenn Rose später zurückschaute und über diesen Augenblick in ihrem Leben sprach – denn sie machte, wie die meisten Menschen heutzutage, eine Zeit durch, in der sie offen mit Freunden und Liebhabern und Partybekanntschaften, die sie vielleicht nie wieder sehen würde, über intimste Entscheidungen sprach –, dann sagte sie, kameradschaftliches Mitleid habe sie überwältigt, sie konnte dem Anblick eines bloßen gebeugten Nackens nicht widerstehen. Dann ging sie näher darauf ein und sagte Gier, Gier. Sie sagte, sie habe einfach zu ihm hinrennen müssen und habe sich an ihn geklammert und sein Misstrauen überwunden und ihn geküsst und habe geweint und sich wieder in sein Leben gedrängt, weil sie einfach nicht wusste, wie sie ohne seine Liebe und ohne sein Versprechen, sich um sie zu kümmern, zurechtkommen sollte; sie hatte Angst vor der Welt, und sie war nicht imstande gewesen, irgendeinen anderen Lebensplan für sich zu entwerfen. Wenn sie das Leben unter wirtschaftlichen Gesichtspunkten betrachtete oder mit Leuten zusammen war, die dies taten, sagte sie, nur Leute aus der Mittelschicht hätten wirklich eine Wahl, und wenn sie das Geld für eine Fahrkarte nach Toronto gehabt hätte, wäre ihr Leben ganz anders verlaufen.

Unsinn, konnte sie dann später auch wieder sagen, denk nicht mehr dran, in Wirklichkeit war es Eitelkeit, es war reine Eitelkeit, ihn wieder aufzurichten, ihm sein Glück zurückzugeben. Zu sehen, ob sie das konnte. Sie konnte einer solchen Kraftprobe nicht widerstehen. Sie erklärte dann, sie habe dafür bezahlt. Sie sagte, sie und Patrick seien zehn Jahre lang verheiratet gewesen, und während dieser Zeit hätten sich die Szenen des ersten Bruchs und der Versöhnung regelmäßig wiederholt, wobei sie alles wiederholt habe, was sie beim ersten Mal gesagt habe, und das, was sie zurückgehalten habe, und viele andere Dinge, die ihr einfielen. Sie hofft, dass sie den Leuten nicht gesagt hat (glaubt aber, sie hat es doch getan), dass sie dann immer den Kopf gegen den Bettpfosten schlug, dass sie eine Soßenschüssel durch ein Esszimmerfenster warf; dass sie so verschreckt, so krank war von dem, was sie getan hatte, dass sie zitternd im Bett lag und wieder und wieder um Verzeihung bettelte. Die er ihr auch gewährte. Manchmal floh sie zu ihm; manchmal schlug er sie. Am nächsten Morgen standen sie dann früh auf und machten ein besonders gutes Frühstück, sie aßen Eier und Speck und tranken Filterkaffee, erschöpft und verwirrt, und behandelten einander mit kleinlauter Freundlichkeit.

Was meinst du, was die Reaktion ausgelöst hat?, fragten sie dann.

Meinst du, wir sollten Urlaub machen? Urlaub zusammen? Urlaub allein?

Sinnlos, reine Heuchelei waren diese Bemühungen, wie sich herausstellte. Aber sie zeigten im Augenblick ihre Wirkung. Wieder beruhigt, sagten sie dann, dass wahrscheinlich die meisten Leute in einer Ehe die gleichen Dinge durchmachten, und tatsächlich schienen sie hauptsächlich Leute zu kennen, bei denen es zutraf. Sie konnten sich nicht trennen, solange nicht genug Schaden angerichtet war, um sich voneinander fernzuhalten. Und solange Rose noch keine Stelle gefunden hatte und ihr eigenes Geld verdiente, so dass es vielleicht schließlich doch ein ganz banaler Grund war.

Was sie niemals erzählte, nie beichtete, war die Tatsache, dass sie manchmal dachte, es sei nicht Mitleid oder Gier oder Feigheit oder Eitelkeit gewesen, sondern etwas ganz anderes, etwas wie eine Vision von Glück. Angesichts all der anderen Dinge, die sie erzählt hatte, konnte sie das kaum sagen. Es erscheint sehr seltsam; sie kann es nicht begründen. Sie glaubt nicht, dass sie völlig normale, erträgliche Zeiten in ihrer Ehe hatten, Strecken mit Tapezieren und Urlaubmachen und Essen und Einkaufen und Sorgen wegen eines kranken Kindes, aber manchmal konnte, ohne Grund oder Vorwarnung, das Glück, die Möglichkeit des Glücks, sie überraschen. Dann war es, als lebten sie in einer anderen und doch gleich aussehenden Haut, als lebten da eine Rose und ein Patrick, strahlend, lieb und unschuldig, die im Schatten ihres gewöhnlichen Selbst sonst kaum zu erkennen waren. Vielleicht war es dieser Patrick, den sie sah, als sie frei von ihm und unsichtbar für ihn war, während sie in seine Lesekabine blickte. Vielleicht war es so. Dort hätte sie ihn verlassen sollen.

Sie wusste, so hatte sie ihn gesehen; sie weiß es, weil es wieder geschah. Sie kam am Flughafen von Toronto an, mitten in der Nacht. Das war etwa neun Jahre, nachdem sie und Patrick geschieden worden waren. Zu dieser Zeit war sie schon recht bekannt, ihr Gesicht war vielen Menschen im Land vertraut. Sie machte ein Fernsehprogramm, in dem sie Politiker, Schauspieler, Schriftsteller, *Persönlichkeiten* interviewte, auch viele einfache Leute, die sich über etwas ärgerten, was die Regierung oder die Polizei oder eine Gewerkschaft ihnen angetan hatten. Manchmal sprach sie mit Leuten, die seltsame Erscheinungen gesehen hatten: UFOs oder Seeungeheuer, oder die ungewöhnliche Fertigkeiten oder Sammlungen besaßen oder einen aufgegebenen Brauch noch ausübten.

Sie war allein. Niemand holte sie ab. Sie war eben mit einem verspäteten Flug aus Yellowknife gekommen. Sie war müde und verschwitzt. Sie sah Patrick mit dem Rücken zu ihr an einer Kaffeebar stehen. Er trug einen Regenmantel. Er war kräftiger als früher, aber sie erkannte ihn sofort. Und wieder hatte sie das Gefühl, das sei ein Mensch, an den sie gebunden sei. Durch einen gewissen magischen und doch im Bereich des Möglichen liegenden Trick könnten sie sich finden und einander vertrauen, und um das zu erreichen, brauche sie nur hinzugehen und seine Schulter zu berühren, ihn mit seinem Glück zu überraschen.

Sie tat es natürlich nicht, aber sie blieb stehen. Sie stand noch da, als er sich umdrehte und auf einen der kleinen Plastiktische mit den geschwungenen Stühlen zuging, die vor der Kaffeetheke standen. Seine ganze Magerkeit und akademische Schäbigkeit waren verschwunden, auch sein Ausdruck gezierten Autoritätswillens. Er war glatter und voller geworden, er war einer dieser modischen und angenehmen, verantwortungsvollen, leicht selbstgefällig dreinschauenden Männer geworden. Sein Muttermal war verblasst. Sie dachte daran, wie hager und trübselig sie aussehen musste in ihrem zerdrückten Trenchcoat, mit ihren langen ergrauenden Haaren, die ihr nach vorn ins Gesicht gefallen waren, mit der verschmierten Wimperntusche.

Er schnitt ein Gesicht. Es war ein wahrhaft hasserfülltes, finster warnendes Gesicht; kindisch, voller Selbstmitleid, aber absichtsvoll; es war ein berechneter Ausbruch von Ablehnung und Widerwillen. Es war kaum zu glauben. Aber sie sah es.

Manchmal, wenn Rose mit jemand vor den Fernsehkameras sprach, fühlte sie den Wunsch des andern, ein Gesicht zu schneiden. Sie konnte das bei allen Leuten fühlen, bei gewandten Politikern, bei geistreichen liberalen Bischöfen und geachteten Menschenfreunden, bei Hausfrauen, die Naturkatastrophen erlebt hatten, und bei Arbeitern, die eine heroische Rettungstat vollbracht hatten oder die man um ihre Invalidenrente betrogen hatte. Sie verlangten danach, sich selbst zu zerstören, ein Gesicht zu schneiden oder ein schmutziges Wort zu sagen. War es dieses Gesicht, das sie alle machen wollten? Um es jemandem zu zeigen, um es allen zu zeigen? Sie würden es allerdings nicht tun; sie würden keine Gelegenheit bekommen. Es brauchte besondere Umstände dazu. Es musste ein greller, unwirklicher Ort sein, mitten in der Nacht, es brauchte eine taumelnde, schwere Müdigkeit, das plötzliche, wie geisterhafte Auftauchen des wahren Feindes.

Sie eilte also weiter, den langen vielfarbigen Gang entlang, sie zitterte. Sie hatte Patrick gesehen; Patrick hatte sie gesehen; er hatte dieses Gesicht gemacht. Aber sie konnte nicht wirklich verstehen, wieso sie ein Feind sein konnte. Wie konnte jemand Rose so sehr hassen und gerade in dem Augenblick, in dem sie bereit war, ihm mit ihrem guten Willen, dem lächelnden Geständnis der Erschöpftheit, dem sichtbaren schüchternen Glauben an zivilisierte Umgangsformen zu begegnen?

Oh, Patrick konnte das. Patrick schon.

aus dem Englischen von Hildegard Petry

Laurie Colwin

EINE LANDHOCHZEIT

An einem kühlen, diesigen Morgen Anfang Juni fuhren
Freddie Delielle und ihr Mann Grey aufs Land, in die Nähe der
Stadt New Brecon, wo Freddies älteste Freundin Penny Stern
im Landhaus ihrer Großmutter heiraten wollte. Über dem
Hudson River hing ein Nebelstreifen. Freddie, die spürte, wie
es unter ihrem Haar feucht wurde, sah am dunstigen Himmel
einen roten Fleck: Wenn die Sonne durchkam, würde es heiß
werden.

Grey saß am Steuer, die Ärmel sorgfältig hochgekrempelt.
Seine Anzugjacke hing an einem Haken über den Rücksitzen;
es war der Anzug, den er acht Jahre zuvor bei seiner eigenen
Hochzeit getragen hatte. Neben ihm saß Freddie in Habacht-
stellung, als wäre sie von Eierschale umhüllt. Sich schick zu
machen war nicht unbedingt ihr Ding und ihr Desinteresse
an Maßnahmen der Verschönerung bei ihren Freundinnen
hinlänglich bekannt. Sie wäre glücklich damit gewesen, ihr
Leben lang nur alte Jeans und die ausgefransten T-Shirts ihres kleinen Bruders zu tragen, aber zu einer Hochzeit konnte man schließlich nicht in Lumpen gehen. Die zukünftige

Braut selbst hatte sich ihrer angenommen, und das Ergebnis war das blau-weiß gestreifte Leinenkleid, in dem Freddie sich gefangen fühlte. Sie traute sich kaum, sich zu bewegen, zu blinzeln oder zu schwitzen, und fürchtete, dass sich allein durchs Sitzen am Rücken Falten bildeten. Sie fühlte sich wie ein Kind, das in ein Festkleid gezwängt worden war, ein Gefühl, an das sie sich noch genau erinnerte. Sie streifte die Schuhe ab und legte die Füße aufs Armaturenbrett, da sie sicher war, dass der Gurt bloß die Vorderseite des Kleides ruinieren würde.

Grey hatte mehr Übung darin, sich feinzumachen als Freddie, aber lieber mochte auch er es nicht. Er war Anwalt an der Wall Street und sein halber Schrank voll mit Nadelstreifenanzügen. Die andere Hälfte war voller Bermudashorts, Wanderschuhe, alter Jeans und Watstiefel für die Forellensaison. Er hatte Freddie die Natur nahegebracht, die sie zuvor vor allem aus Büchern kannte. Als Kind hatte sie endlos viel über Fledermäuse, Vögel, Frösche und das Leben in den Sümpfen gelesen, aber ihre Eltern waren Städter durch und durch, und bevor sie Grey kennenlernte, war niemand je mit ihr in die Natur gefahren. Gemeinsam waren sie wandern gegangen und klettern, hatten Sümpfe erkundet, sich auf die Spur von Eulen begeben und Listen mit vom Aussterben bedrohten Vogelarten geführt. Wenn die Forellensaison begann, war Freddie vollkommen zufrieden damit, am Ufer zu sitzen und Mücken totzuschlagen und zu lesen, während Grey bis zur Hüfte im kalten Wasser stand. Auf ihrer Hochzeitsreise waren sie nach Dorset gefahren, um Fossilien zu suchen.

Freddie, Grey und Penny Stern waren in London zusammen aufgewachsen, als Kinder amerikanischer Eltern, die sie auf eine etwas fortschrittlichere, koedukative Schule nach Westminster schickten. Freddie kannte Grey schon fast ihr ganzes Leben lang. Er war drei Jahre älter als sie, und sie wusste noch, wie sie als ziemlich verlotterte Zehnjährige den dreizehnjährigen Grey auf dem Sportplatz beobachtet hatte. Die runden Knie über den langen Strümpfen völlig verdreckt, spielte er mit grimmiger Konzentration Fußball. Wenn sie ihn jetzt ansah, erkannte sie in ihm immer noch den Jungen, der er gewesen war, und sie konnte sich an keine Zeit erinnern, in der sie ihn nicht geliebt hatte.

Zum College waren sie alle nach Amerika geschickt worden, aber Freddie und Grey waren sich erst wieder begegnet, als Freddie gerade ihren Abschluss in Wirtschaftswissenschaften machte und Grey schon für eine Kanzlei arbeitete. Kein halbes Jahr später waren sie verheiratet. Beide konnten es nicht verstehen, wenn Leute jemanden heirateten, den sie kaum kannten; für Freddie und Grey wäre es undenkbar gewesen, jemanden zu heiraten, den sie nicht schon ihr ganzes Leben kannten.

Den Weg zum Haus von Pennys Großmutter kannte Freddie in- und auswendig. Sie war als Kind ein paar Mal für längere Zeit dort gewesen und auch als Erwachsene regelmäßig zu Besuch gekommen. Grey hatte ihr sogar seinen Heiratsantrag an einem Sumpf in der Nähe der Old Wall Lane gemacht, nicht mal eine Meile von Mrs Sterns Haus entfernt. Freddie erinnerte sich noch genau an den Tag: Nicht nur hatte sie einen Heiratsantrag bekommen, sie hatte auch zum ersten Mal einen Kanadareiher gesehen.

Sie fuhren von der Autobahn ab auf eine Landstraße. Die Sonne hatte den Tau noch nicht ganz getrocknet, und die satten grünen Blätter wirkten feucht und samtig. Die Luft roch mild und süß nach frisch gemähtem Gras und Kamille. Freddie lehnte sich vorsichtig zurück. Wenn man mit seinem Mann im Auto zur Hochzeit der ältesten Freundin unterwegs war, in ein Haus, von dem man jede Ecke kannte, wirkte das Leben so korrekt, rechtschaffen und anständig wie ein Andachtshaus der Quäker. Und die Tatsache, dass der ihr rechtmäßig angetraute Ehemann unter anderem nicht der Erste gewesen war, der ihr neues Kleid gesehen hatte, war der Dorn an der Rose, die Termite, die unter den Holzstufen der Veranda lauerte.

Freddie hatte einen Liebhaber oder hatte vielmehr einen gehabt. Wenn sie sich diesen Satz sagte, schauderte sie, als wäre sie von einer Hornisse gestochen worden. Der Betreffende war ein älterer, gut gekleideter, vorzeitig pensionierter Banker namens James Clemens. Wie Freddie war er Gelegenheitsjournalist; sie hatten sich bei einer Cocktailparty kennengelernt, die das *Journal of American Finance* gegeben hatte. Er war mit einer sehr stilbewussten Frau namens Vera verheiratet, einer Innenarchitektin; er hatte zwei erwachsene Söhne, er handelte zum Zeitvertreib mit Erstausgaben, und er schrieb ein Buch über die Zusammenhänge von Wirtschaftslage und Baustilen.

Vor drei Monaten war Penny mit Freddie einkaufen gewesen, hatte sie in eine Reihe überheizter, sehr teurer Geschäfte und Kaufhäuser geschleppt und sie mit einem schönen blau-weiß gestreiften Leinenkleid in einer schicken Schachtel wieder nach Hause entlassen. Kaum allein zu Hause, war Freddie, die zu diesem Anlass ein hübsches Kostüm getragen hatte, wieder in ihren abgetragenen alten Rollkragenpullover und ihre Cordhose geschlüpft, die mal olivgrün gewesen war. Gerade als sie ihr Kostüm über einen Stuhl geworfen hatte, klingelte es an der Tür, und James Clemens erschien. Er musterte sie, schüttelte den Kopf und sagte: »Wie immer, der Inbegriff strahlender Schönheit.« Sein Mantel war von Regentropfen gesprenkelt.

Er schloss die Tür hinter sich und umarmte sie. Er dürstete nach ihr, stieß aber auf Widerwillen. Statt seinen Kuss zu erwidern, lenkte sie ihn auf eine Tasse Tee in die Küche.

James und Freddie hungerten und dürsteten seit zwei Jahren nacheinander, obwohl sie schon mehrmals erfolglos beschlossen hatten, sich zu trennen. Der übliche Hergang sah zuerst Tee vor und dann einen kleinen Abstecher nach oben auf das schäbige Sofa in Freddies schmucklosem kleinen Arbeitszimmer. Doch jetzt lag etwas Endgültiges in der Luft, und sie gingen nicht nach oben. Stattdessen setzten sie sich auf Freddies Vorschlag hin ins Wohnzimmer und tranken dort ihren Tee.

Auf dem Couchtisch lag die Kleiderschachtel. James, der mit sämtlichen noblen Geschäften bestens vertraut war, erkannte sie sofort. »Hat die jemand hier vergessen?«, fragte er.

»Das ist meine«, sagte Freddie. »Es ist ein teures Kleid drin.«

»Wirklich?«, sagte James. »Aber das bedeutet ja, dass du vorhast, es irgendwo zu tragen, und wir wissen doch beide, was du von gesellschaftlichen Anlässen hältst.«

»Sie sind ein vergifteter Brunnen«, sagte Freddie. »Das Kleid ist für die Hochzeit meiner Freundin Penny im Juni. Ich hab dir von ihr erzählt.«

»Die mit der beeindruckenden Großmutter.«

»Genau die«, sagte Freddie. Pennys Großmutter war der einzige Mensch auf der Welt, der Freddie bei ihrem Taufnamen Fredrica rief.

»Es wäre natürlich schön«, sagte James und streckte die Beine aus, »dich darin zu sehen.«

Freddie setzte sich auf den Rand des Sofas. Der Gedanke, jetzt das Kleid anzuprobieren, das sie bei der Hochzeit ihrer ältesten Freundin tragen würde, die auch eine von Greys ältesten Freundinnen war, kam ihr sehr verkehrt vor. Wie ein Verstoß gegen irgendetwas. Sie versuchte es James zu erklären.

»Eine Frau befreit sich von ihren Sünden, indem sie sich morgens die Zähne putzt«, sagte James.

Freddie hatte ihn noch nie verärgert erlebt. »Ist das ein Zitat?«

»Es ist ein Zitat von irgend so einem frauenverachtenden Spanier, dessen Name mir gerade nicht einfällt«, sagte James. »Ich muss sagen, mir war nicht klar, dass du so sentimental bist. Wir waren schließlich x-mal zusammen im Bett, und plötzlich stellst du dich so an wegen einem Kleid, das du zu irgendeinem heiligen Anlass tragen willst.«

Freddie öffnete die Schachtel und nahm das Kleid heraus. Sie schlug es aus und hielt es sich an.

James musterte sie ausdruckslos. »Ziemlich anders als dein sonstiger Aufzug«, sagte er.

»Du musst mir helfen, es wieder zusammenzulegen«, sagte Freddie. »Wenn ich es versuche, bekommt es Falten.«

»Wenn ich mir die Bemerkung erlauben darf«, sagte James, »du solltest es lieber aufhängen. Vielleicht sogar in einem Kleidersack, damit deine anderen Sachen es nicht schmutzig machen.«

»Sehr witzig«, sagte Freddie. Sie drapierte das Kleid sorgfältig über die Schachtel und stellte sie auf den Esstisch. Dann setzte sie sich aufs Sofa. James setzte sich neben sie.

»Wir müssen damit aufhören«, sagte Freddie.

»Eine Hochzeit hebt ihr hässliches Haupt, und plötzlich willst du Schluss machen.«

»Ich will die ganze Zeit Schluss machen.«

»Ist das so?«, fragte James.

»Ja«, sagte Freddie. »Geht es dir denn anders?«

»Das sind schreckliche Worte«, sagte er.

»Die Wahrheit ist nicht immer schön«, sagte Freddie.

James sah sie an. »Manchmal möchte ich dir wirklich eine scheuern«, sagte er. Er nahm ihre warme Hand, und sie saßen schweigend da.

James konnte Stille nicht lange ertragen. Um die trübe Stimmung aufzuhellen, sagte er mit einer Stimme, in der Munterkeit mitschwang: »Du hast schon Recht. Ich wusste, dass so etwas kommen würde. Ein wenig Abstand ist wahrscheinlich in Ordnung. Das hat uns in der Vergangenheit immer gutgetan.«

»Ich glaube nicht, dass es nur um ein bisschen Abstand geht«, sagte Freddie und hatte ihre Stimme dabei nicht gänzlich unter Kontrolle. Ihre bisherigen Trennungen hatten nie länger als einen Monat gehalten.

»Es wird wohl das Beste sein«, sagte James schließlich. »Es konnte vermutlich auch nicht ewig so weitergehen.« Er klang nicht überzeugt.

Aus dem ungemütlichen Wetter war Schneeregen geworden. James und Freddie saßen im Dämmerlicht nebeneinander auf dem Sofa. Liebe bringt seltsame Bettgefährten hervor, dachte Freddie und tat dann rein gar nichts, um sie aus der Situation zu befreien.

Nach fünf Meilen ging von der Asphaltstraße ein Feldweg namens Old Wall Lane ab, der mitten im Staatsforst begann und am Grundstück der alten Mrs Stern endete. Greys Gefühl nach gab es nur zwei Arten, diesen Weg zu befahren: Man konnte die Kurven mit hoher Geschwindigkeit nehmen und viel Staub aufwirbeln oder den Wagen einfach rollen lassen, denn es ging die ganze Strecke bergab. Er entschied sich für die behutsamere Variante.

Auf halbem Weg hielt er plötzlich an. »Kopf raus und hochgucken«, sagte er. »Schnell!«

Sie kurbelten ihre Fenster runter und steckten die Köpfe raus. Ein Rotschwanzbussard segelte auf sie zu. Er schwebte über das Auto, so niedrig, dass sie die Sprenkel auf seiner Brust erkennen konnten. Der Anblick eines Bussards aus solcher Nähe ließ Freddies Herz stets höher schlagen. Sie und Grey bestiegen jeden Herbst den Mirage Mountain im westlichen Connecticut, um den jährlichen Zug der Bussarde zu beobachten. Einen eigenen Falken zu besitzen und abzurichten war ein Kindheitstraum von Grey, und zu ihrem ersten Hochzeitstag hatte Freddie ihm eine Erstausgabe von T. H. Whites *The Goshawk* geschenkt.

Am Ende der Straße war der Wall Swamp, wo Grey seinen Antrag gemacht hatte. Seither hatten sie den Sumpf auch per Kanu erkundet und waren an einem brennend heißen Nachmittag sogar darin geschwommen. Grey hielt den Wagen an und stieg aus, um die Beine auszustrecken. Freddie stieg ebenfalls aus. Sie stand dicht neben ihrem Mann, der süß und frisch wie Brot roch. »Nicht zerknautschen«, sagte sie, als Grey den Arm um sie legte, und sie umarmten sich wie aus weiter Ferne.

»Das wird ja wohl eine ziemlich schicke Angelegenheit«, sagte Grey. »Nicht wie *unsere* Hochzeit.« Freddie und Grey hatten in London geheiratet, auf dem Standesamt und nur mit ihren Eltern und Geschwistern als Trauzeugen, und nach dem Mittagessen waren sie mit dem Mietwagen nach Dorset gefahren, um die Küste zu erkunden und nach Ammoniten und anderen Fossilien zu suchen. »Unsere hat mir besser gefallen«, sagte Grey und zog Freddie näher zu sich heran.

»Eigentlich ist mir vollkommen schnuppe, ob das Kleid Falten bekommt«, sagte Freddie.

Sie standen mitten auf der Straße, schlossen die Augen und küssten sich wie zwei Teenager.

Es war vernünftig gewesen, sich zu trennen. Eine Affäre war im Grunde wie ein Kellerloch. Auf dem Grundstück der alten Mrs Stern gab es mehrere solcher Löcher, Überreste von Häusern aus dem achtzehnten Jahrhundert. Je mehr Zeit verging, desto schwieriger ließ sich ohne eine Geländekarte sagen, wo genau sie lagen. Und auf einer Straße zu stehen und seinen Mann zu küssen, das Auto in die Werkstatt zu bringen, Briefe, gemeinsame Mahlzeiten, Anrufe, diverse Vorbereitungen und Erledigungen konnten das Loch einer Affäre so gut füllen, dass man nach einiger Zeit bequem darauf stehen konnte.

Neben dem Haus hatte man ein gestreiftes Zelt aufgebaut. Als sie die lange Auffahrt entlangfuhren, sah Freddie Kellner mit Blumenkörben, die die Tische deckten. Pennys Mutter stand im fliederfarbenen Kleid in der Mitte des Zeltes und dirigierte das Personal.

Auf den Stufen des Hauses stand die gestrenge alte Mrs Stern. Sie hatte bereits verkündet, dies würde die letzte Hochzeit sein, die sie noch erlebte, aber sie wirkte alles andere als gebrechlich. Die kräftige betagte Dame mit weißem Haar und stechenden blauen Augen trug ein gelbes Kleid und stützte sich auf einen Stock, der fast wie ein Bischofsstab aussah, eine Wirkung, der sie sich durchaus bewusst war.

»Fredrica, meine Liebe«, sagte sie und drückte Freddie die Hand. »Und Grey. Wie schön, dass ihr schon da seid. Habt ihr gefrühstückt? Nein? Dann leiste doch David etwas Gesellschaft, Grey. Er sitzt einsam und allein im Wintergarten. Niemand kümmert sich um den Bräutigam. Und du, meine

Liebste, geh rasch hoch zu Penny. Sie hat wohl eine Art Nervenkrise. Hat ihren Vater ins Dorf zur Apotheke geschickt, damit er ihr eine Nagelfeile besorgt, dabei weiß sie sehr gut, dass wir Hunderte davon im Vorratsschrank haben. Ach, ja. Und sie hat nicht das kleinste bisschen gegessen. Sorg dafür, dass sie was isst.«

Oben in ihrem Kinderzimmer saß Penny im langen weißen Hochzeitskleid, rauchte eine Zigarette und starrte in den Spiegel der Frisierkommode. Über der Rückenlehne des Stuhls hing ein Blumengebinde. Penny war groß und blass und trug ihr helles Haar zum Chignon gesteckt. Sie und Freddie waren Freundinnen, seit sie zehn waren. In den Sommerferien waren beide Familien stets nach Amerika zurückgereist, und Freddie und Penny hatten einen Monat zusammen bei der alten Mrs Stern verbracht. In diesem Zimmer hatten sie zusammen geraucht, geklautes Bier getrunken, Liebes-Comics gelesen, Rachepläne gegen ihre Schulfeinde geschmiedet und mit Taschenlampen unter der Bettdecke gelesen, wenn sie schon schlafen sollten.

»Lebt David noch?«, fragte sie Freddie anstelle einer Begrüßung.

»Nein, er ist leider tot«, sagte Freddie. »Die Hochzeit fällt aus.«

»Gott, es ist die Hölle«, sagte Penny. »Das wäre nie passiert, wenn wir einfach aufs Standesamt gehen dürften wie ihr.«

»Ach, komm«, sagte Freddie. »Ihr wolltet doch hier heiraten. Außerdem sagt deine Oma, es wäre ihre letzte Hochzeit.«

»Das sagt sie schon seit dreißig Jahren. Das wird sie auch noch sagen, wenn meine noch ungeborenen Kinder heiraten.«

Penny blies einen Rauchkringel aus und sah zu, wie er aufstieg und sich auflöste. Sie seufzte. »Das Ende meiner Kindheit. Das Ende von allem, was gut ist. Warum mache ich das?«

»So schlimm ist es gar nicht.«

Penny blickte auf. Plötzlich war sie sehr düsterer Stimmung. »*Du* hast gut reden«, sagte sie.

»Das ist vorbei«, entgegnete Freddie.

»Wirklich?«, fragte Penny. »Hast du mir gar nicht erzählt. Gerade erst?«

»Seit dem Tag, an dem wir zusammen einkaufen waren, wenn du es genau wissen willst.«

»Was hat dich denn dazu gebracht?«

»Du meinst, abgesehen von der Tatsache, dass ich völlig mit den Nerven am Ende war und mich die ganze Zeit schrecklich gefühlt habe?«, sagte Freddie. »Ich hab es einfach gemacht. Es ist ein ganz komisches Gefühl. Nur weil man das Richtige getan hat, fühlt man sich hinterher noch lange nicht toll.«

»Armes Häschen«, sagte Penny. »Gib mir mal noch eine Zigarette. Ob es vorbei ist oder nicht, ist nicht der Punkt. Der Punkt ist natürlich, dass es überhaupt so weit gekommen ist. Das beweist *meinen* Punkt: Die Ehe ist nicht lebbar.«

»Das ist ein ganz feiner Kerl, den du da heiratest.«

»Ja?«, sagte Penny. »Ich scheine im Moment nämlich nicht mal den Gedanken an ihn ertragen zu können.«

Durchs Fenster kam eine angenehme Brise. Freddie zündete zwei Zigaretten an und blickte dem Rauch nach. Sie und Penny rauchten nie, nur wenn sie zusammen waren. Das war seit ihrer Kindheit Tradition. Keine von ihnen inhalierte, aber beide machten sehr hübsche Rauchkringel, eine Fähigkeit, die sie seit Jahren perfektionierten.

»War dir bei deiner Hochzeit übel?«, fragte Penny.

»Ich weiß es nicht mehr«, sagte Freddie. »Ich glaube nicht. Aber ich musste auch nicht all das hier ertragen.«

»Ich war nicht bei deiner Hochzeit«, sagte Penny trüb.

»Ist mir aufgefallen, ja.«

»Das werde ich mir nie verzeihen«, sagte Penny.

»Wenn ich dich erinnern darf«, sagte Freddie, »du hattest Prüfungen.«

»Ich werde mir nie verzeihen, dein graues, von Übelkeit gezeichnetes Gesicht am Morgen deiner Hochzeit nicht gesehen zu haben. Gott, dieses Kleid ist so unbequem. Jetzt verstehe ich, warum du Kleider hasst. Übrigens soll ich zu dieser Aufmachung keine Uhr tragen. Wie spät ist es?«

»Du hast noch vierzig Minuten«, sagte Freddie. »Wünschst du eine Henkersmahlzeit?«

»Jetzt, wo du es sagst – ich bin am Verhungern«, sagte Penny. »Holst du mir was? Toast. Kaffee. Irgendwas.«

Als Freddie zurückkam, in den Händen ein Tablett mit Kaffee, Buttertoast und Schinken, außerdem zwei übergroßen Leinenservietten, die Pennys Mutter dazugelegt hatte, damit die Braut keine Butter auf ihr Kleid bekam, fand sie Penny exakt so vor, wie sie sie verlassen hatte.

»Was ist unten los?«, fragte Penny.

»Es kommen immer mehr Leute. Grey und David planen einen Angelausflug. Dein Vater hat die Nagelfeile vergessen und sagt, sie wäre sowieso unnötig. Hawks und Ricardo labern deine Oma voll.«

Dr. Hawks war der Gemeindepfarrer und Dr. Ricardo der Rabbi aus Mrs Sterns New Yorker Gemeinde. Sie sollten die Zeremonie gemeinsam abhalten.

»Ich könnte noch fünfzehn Toasts essen«, sagte Penny und machte sich ein Schinkensandwich. »Du möchtest wahrscheinlich nicht runtergehen und Nachschub holen.«

»Ich habe strikte Anweisung, dir nichts weiter zu bringen.«

Penny seufzte und nippte an ihrem Kaffee. »Ich bin so froh, wenn das hier alles vorbei ist. Ich muss mir immer wieder sagen, dass es nur ein paar Stunden dauert.«

»Es dauert ein ganzes Leben lang«, sagte Freddie.

»Man kann sich immer noch scheiden lassen«, sagte Penny. »Und deine Liebelei ist wirklich vorbei?«

»Ich hoffe es«, sagte Freddie. »Wenn ich auf die letzten zwei Jahre zurückblicke, kann ich nicht glauben, dass die Frau, die dieses Leben geführt hat, wirklich ich war. Ich hatte nie so interessante Romanzen wie du. *Das* war meine interessante Romanze. Ich dachte, wenn ich es beende, bin ich wieder mein altes Ich, aber anscheinend bin ich jetzt irgendein anderes altes Ich.«

In Pennys Zimmer erschien es auf einmal alles gar nicht so schwer. James wusste nichts über ihr eigentliches Leben, über ihre Vergangenheit, ihre Kindheit. Sie waren füreinander jeweils die Ausnahme und hatten ansonsten miteinander rein gar nichts zu tun.

»Du kommst schon drüber hinweg«, sagte Penny.

»Ehrlich gesagt, glaube ich das nicht«, sagte Freddie.

Nach der Zeremonie setzten sich alle zum Mittagessen. Überall lauerten Kellner mit Tabletts voll Champagnergläsern. Teller wurden gefüllt, geleert, wieder gefüllt und schließlich abgeräumt. Die dreistöckige Torte wurde unter viel Hurra angeschnitten. Zwischen den Gängen wechselten Braut und Bräutigam die Tische, um auch bestimmt mit jedem gesprochen zu haben.

Kurz vor der Zeremonie hatten Freddie und Grey die Platzkärtchen vertauscht, damit sie nebeneinandersitzen konnten. Dies entging der Aufmerksamkeit der alten Mrs Stern nicht, aber die beiden grinsten sie so glücklich an, dass sie sich gezwungen sah, ihnen zu verzeihen. Freddie nahm unter dem Tisch Greys Hand. Die Zeremonie, so anders als ihr eigenes spärliches Gelübde, hatte sie beide bewegt. Beim Essen saßen sie so dicht beieinander, dass sich ihre Knie berührten. Freddie hatte das Gefühl, nach einer langen Reise voll Dankbarkeit zu all dem zurückgekehrt zu sein, wohin sie gehörte.

Als die Kellner den Kaffee brachten, verließ Penny ihren Platz und kam herüber zu Freddie. »Komm, wir machen einen Ausflug«, sagte sie.

Arm in Arm liefen sie den Hügel hinunter, durch den Apfelgarten, durch ein Tor in der niedrigen Natursteinmauer und am Steingarten vorbei, bis zu einem kleinen Teich. Am Ufer lag mit dem Rücken nach oben wie eine gigantische Schildkröte in der Sonne das Old-Town-Kanu, in dem Penny und Freddie als Kinder indianische Späher gespielt hatten.

Freddie drehte es um und schob es ins Wasser. »Ich hab mein Kleid nassgespritzt«, sagte sie.

»Ist nur Wasser«, sagte Penny. »Das gibt keine Flecken.«

Sie zogen die Röcke hoch und streiften die Schuhe ab, und Penny sprang hinein. Freddie gab dem Kanu einen Schubs und sprang ebenfalls hinein.

»Ich hab Kippen gemopst«, sagte Freddie und zog hinter jedem Ohr eine hervor. In ihrem BH hatte sie eine Packung Streichhölzer versteckt.

Sie paddelten über den Teich. An einer Weide machten sie halt und zündeten die Zigaretten an.

»Meinst du, die denken, wir sind durchgebrannt?«, fragte Penny.

»Die denken, wir machen eine Spritztour. Deine Großmutter hat uns noch nachgewinkt«, sagte Freddie.

»Dann glauben sie wahrscheinlich, das wäre ein besonders reizender Teil des Programms«, sagte Penny.

»Ist es doch auch, oder?«

»Es ist das Ende meiner Kindheit«, wiederholte Penny niedergeschlagen.

»Wir sind schon seit Jahren keine Kinder mehr«, sagte Freddie.

Sie saßen da, rauchten und beobachteten, wie die Wasserspinnen von Miniwelle zu Miniwelle sprangen. Zwischendurch brach die Oberfläche auf und eine Bachforelle schnappte nach einer Eintagsfliege.

Auf der anderen Seite des Teiches stand das Haus sicher auf seinem Hügel, ein großes weißgelbes, mit Schindeln gedecktes Haus mit sechs Schornsteinen. Aus der Ferne wirkte es sicher, abgelegen. Wenn sie die Augen zusammenkniff, konnte

Freddie erkennen, wie Grey mit Pennys Vater redete. Ihr Herz schlug schneller, als sie ihn so sah.

Die Sonne drang durch die Zweige der Weide und tupfte Licht auf das Wasser. Auch jetzt noch konnte Freddie James blitzschnell heraufbeschwören; man mochte sich vielleicht trennen, aber vergessen konnte man nicht. Sie konnte sich genau vorstellen, wie er am Ufer saß und darauf wartete, dass sie zu ihm zurücktrieb.

»Ich glaube, das reicht«, sagte Penny. »Ich meine, wir sollten wohl zurückpaddeln.« Sie seufzte. »Kommt dir nicht auch alles so *unbekannt* vor?«

»Eher klar wie Kloßbrühe«, sagte Freddie.

»Ich hab das Gefühl, als läge das Leben ausgebreitet vor mir, aber ich kann es nicht sehen«, sagte Penny.

»So ist das Leben eben«, sagte Freddie.

Sie schnippten ihre Zigaretten ins Wasser und paddelten zurück. Kerzengerade wie zwei indianische Kundschafter und mit wallenden Festkleidern schossen sie so schnell und entschlossen übers Wasser wie eh und je.

aus dem Englischen von Nicole Seifert

Bobbie Ann Mason
KOJOTEN

Cobbs Verlobte, Lynnette Johnson, interessierte sich nicht für Brautjournale oder Porzellanmuster oder für irgendetwas anderes von diesem Mädchenkram. Selbst als er das Thema Hochzeitsreise ansprach, witzelte sie über unmögliche Ziele – Bulgarien, Hongkong, Lappland, Peru.

»Ich will's ganz einfach, ohne Schnickschnack«, sagte sie. »Was für 'ne Hochzeit willst *du*?« Sie saßen auf einem Küchenstuhl, sie rittlings auf seinem Schoß.

»Ich will's sexy, wild und teuer«, sagte er und spielte mit ihrem Haar. Es roch nach Pfefferminz.

Sie war warm und schwer auf seinem Schoß, und sie hatte die Arme wie ein müdes Kind um ihn gelegt. Es störte ihn, dass sie ihrer Familie noch nicht einmal von ihm erzählt hatte, aber auch er hatte es immer wieder aufgeschoben, sie seiner Mutter vorzustellen, deshalb glaubte er, sie verstehen zu können.

Es war Wochenende, und sie überlegten, ob sie zum Essen ausgehen sollten. Sie waren in Paducah, in seiner Wohnung in Orchard Acres – zwei fünfzig der Monat, doppelt so viel, wie er für seine vorherige Wohnung bezahlt hatte. Die neue war schön, mit Müllschlucker und großem Balkon. Er war aus seinem Rattenloch ausgezogen, als er seinen neuen Job beim Soil-Conservation-Service antrat, aber jetzt wünschte er, er hätte für ein Haus gespart, statt sein Geld für eine teure Wohnung mit einem zweijährigen Mietvertrag zum Fenster hinauszuwerfen. Sie hatte einige ihrer Sachen in seinem Schrank und seiner Kommode, und im Badezimmer stand viel von ihrem Kram herum, aber vorläufig hielt sie eisern an ihrer eigenen Wohnung fest. Lynnette war so entschieden in allem. Sie stand immer früh auf und lief sechs oder acht Meilen, auch im Winter. Sie aß Erdnussbutter zum Frühstück – wegen der Proteine, erklärte sie ihm. Sie behauptete, Unkraut und wilde Gräser seien wunderschön. Sie hatte ein paar braune, getrocknete Gräser in einem Krug auf den Esszimmertisch gestellt. Gepflückt hatte sie sie auf einem Feld, auf dem sie im letzten Herbst Pecannüsse gesucht hatten. Wilde Pecannüsse waren klein, und die Nüsse ließen sich schwer knacken. Cobb hatte die meisten noch in einer Keksdose.

»Du kannst dir nicht vorstellen, was ich heute für Fotos zu sehen gekriegt hab«, sagte sie ein bisschen später, als sie sich auf dem Bett herumräkelten, noch immer unentschieden, ob sie essen gehen sollten. Cobb versuchte abzunehmen.

Lynnette arbeitete in einem Fotoladen, der im Schnelldienst von 24 Stunden Bilder machte. Die Fotos rollten über ein Fließband durch den Cutter, und sie kontrollierte und zählte sie, bevor sie sie eintütete.

»Da waren welche von einem Mann und einer Frau und einem Hund«, sagte sie. »Ein Baby schlief in einem Korbkinderwagen am Fußende des Bettes. Auf manchen Bildern war der Mann mit dem Hund im Bett – beide saßen so nebeneinander, als frühstückten sie im Bett. Der Hund saß in die Kissen gelehnt da. Und auf manchen Bildern war die Frau mit dem Hund im Bett. Man konnte es nicht richtig erkennen, aber ich glaub, keiner der beiden hatte auch nur ein Fädchen am Leib. Sie lachten. Und ich schwör dir, der Hund hat auch gelacht.«

»Was für 'ne Rasse?«

»Groß. Hell, mit raushängender Zunge.«

»Hört sich ganz nach 'ner glücklichen Familienszene an«, sagte Cobb, und dabei fiel ihm auf, dass er und Lynnette genau wie die Leute auf dem Foto in die Kissen gelehnt dasaßen. »Es war wahrscheinlich Sonntagmorgen«, sagte er. »Und sie haben noch ein bisschen Quatsch gemacht, bis das Baby wach wurde.«

»Nee, ich glaub, das war was wirklich Verrücktes.« Sie hielt das Handgelenk dicht unter die Lampe und sah auf ihre Uhr. Sie stand auf und sagte: »Ich hab die Frau gesehen, als sie in den Laden kam und die Fotos abholte. Eine wirklich nette Frau – mittleres Alter, aber noch immer hübsch. Man würde nie auf so was kommen. Aber sie war zu alt, um ein Baby zu haben.«

Einige der Fotos, von denen Lynnette ihm erzählte, jagten ihr Angst ein. Sie bekam da Leute zu sehen, die sich mit Gewehren und Messern in Positur gestellt hatten, grinsend und einander mit den Waffen bedrohend. Aber die Nackten waren noch beunruhigender. Das Labor durfte von solchen Fotos eigentlich keine Abzüge machen, aber wenn sie die Negative durchguckte, waren haufenweise Nacktfotos dabei, meist Nahaufnahmen von Geschlechtsteilen oder von Paaren, die sich selbst im Spiegel in ähnlichen Posen fotografierten, wie im Urlaub vor irgendeiner Sehenswürdigkeit. Einmal hatte Lynnette eine Reihe Negative gesehen, die von einer Orgie stammen mussten – ein Dutzend oder mehr Nackte. Auf einem stand die ganze Gruppe, wie auf einem Klassenfoto, neben einem Barbecue-Grill. Cobb meinte, das sei vielleicht ein Nudistenverein, aber Lynnette sagte, Nudisten seien zu locker, um solche Art Fotos zu machen. Diese Leute waren nicht locker, sagte sie.

Cobb war sein richtiger Name, aber die Leute dachten immer, es wär ein Spitzname. Cobb war 28, und er hatte eine Reihe Freundinnen gehabt, aber keine wie Lynnette. lronischerweise traf er sie zum ersten Mal, als er einen Film zum Entwickeln abgab – seine Reise nach Florida mit Laura Morgan. Er war mit Laura ungefähr ein Jahr zusammen gewesen. Sie waren mit ihrem Thunderbird da runtergefahren, hatten eine Woche in Daytona verbracht und dann ein paar Tage in Disney World. Sie fotografierten die Motels, die Palmen, das Übliche. Als er die Bilder abholte, fing er ein Gespräch mit Lynnette an. Aus irgendeiner Bemerkung von ihr schloss er, dass sie seine Fotos gesehen hatte. Er erkannte plötzlich, wie abgedroschen sie waren. Sie sah solche Fotos tagtäglich durch ihre Maschine laufen. Er spürte, dass sein Leben eine Wendung nahm, mit einem harten Ruck. Sie begannen, sich zu treffen, zuerst heimlich, weil Cobb einige Wochen brauchte, um das mit Laura zu klären. Laura redete jetzt nicht mehr mit ihm, wenn sie sich zufällig bei der Arbeit auf dem Flur begegneten. Sie war der

Typ Frau, der sich einen Hochzeitsempfang im Holiday Inn gewünscht hätte, ein Backsteinhaus in einer anheimelnden Neubausiedlung, Kirche am Sonntagmorgen. Aber Lynnette weckte in ihm ein Gefühl dafür, dass man die Welt auch anders sehen konnte. Sie brachte etwas Neues und Unerwartetes in ihm zum Vorschein. Durch ihre Augen sah er, dass alles Konventionelle – freitagabends Spaziergänge durch die Mall oder gebackene Kartoffeln mit verschiedenen Füllungen – etwas Komisches und Absurdes an sich hatte. Sie gingen durch die Stadt und kosteten dieses Gefühl aus, das Ungewöhnliche im Alltäglichen zu finden, über Dinge zu lachen, deren Komik den meisten Menschen verborgen blieb. »Du bist einfach nur verliebt«, sagte sein älterer Bruder George, als Cobb ihm seine Begeisterung zu erklären versuchte.

Cobb ging dienstagabends immer zu seiner Mutter zum Essen, wenn sein Stiefvater, Jim Dance, ein Buchhalter, in seinem Optimist Club war. Das Haus machte Cobb unbehaglich. Die Einrichtung war auf keinen Stil festzulegen. Er war mit nichts davon aufgewachsen; es war alles angeschafft worden, nachdem seine Mutter, Gloria, Jim geheiratet hatte. Die Wände waren mit gestickten Bildern von Burgen und Gemäldereproduktionen von Amish-Familien in Pferdewagen bedeckt. Im Esszimmer standen drei Nippesschränkchen, dazu Glorias Sammlung von fünfzig Souvenir-Untersetzern, einem aus jedem Staat der USA. Im Wohnzimmer stießen Early-American-Möbelstücke hart mit modernen niedrigen Sesseln zusammen, die mit fetten Kissen ausgepolstert waren. Das Zimmer war voller Briefbeschwerer aus Glas und Glaskugeln und Glasaschenbechern, alles in tausend Farben changierend wie der Planet Jupiter.

Cobb war gekommen, um ihr zu sagen, dass er Lynnette heiraten wollte. Seine Mutter war überglücklich und schloss ihn in die Arme. Er spürte geradezu, wie das Mehl von ihren Händen an seinem Pullover Abdrücke hinterließ.

»Ist sie eine gute Köchin?«, wollte sie wissen.

»Ich weiß nicht. Wir gehen immer essen. Ich möchte keinen Schinken«, sagte er und deutete auf die Schinkenplatte auf dem Tisch. »Was hättest du lieber, dass ich 'ne gute Köchin heirate, die mich mästet, oder 'ne schlechte, die mich fithält? Wie sind deine Bedingungen, Mom?«

Gloria spießte ein Stück Schinken auf und legte es ihm auf den Teller. »Aus was für 'ner Familie kommt sie?« Sie machte sich über den Schinken auf ihrem Teller her.

»Sie sitzen nicht im Gefängnis. Sie leben nicht von der Sozialhilfe. Sie haben kein Messer im Stiefel. Sie schielen nicht und haben auch sonst kein Gebrechen.«

»Wieso überrascht mich das?«, sagte sie.

»Ich kenn sie noch nicht mal«, sagte Cobb. »Sie sind nicht von hier. Sie ist aus Wisconsin hergezogen, als sie noch in der Highschool war. Ihr Daddy hat bei Ingersoll gearbeitet, aber jetzt haben sie ihn nach Texas versetzt.«

Gloria lächelte. »Es wird im Juni furchtbar heiß sein da unten in Texas. Werden sie die Hochzeit groß aufziehen?«

»Ich glaub nicht, dass wir da heiraten werden.« Zögernd sagte er: »Lynnette ist anders, Mom. Sie ist richtig ernsthaft und kann Protzerei nicht leiden.«

»Du solltest ein bisschen was über ihre Leute in Erfahrung bringen«, sagte Gloria besorgt. »Man kann nie wissen.«

»Sie ist wirklich nett. Sie wird dir gefallen.«

Gloria goss sich Eistee in ihr hohes blaues Glas nach. »Na ja, so langsam wird's auch Zeit, dass du heiratest«, sagte sie. »Weißt du, als du Baby warst, hast du früher laufen und sprechen gelernt als die anderen. Ich war immer überzeugt, dass aus dir mal was Ordentliches werden würde, egal, was ich tat. Aber mit ungefähr dreizehn hattest du eine schwierige Phase. Du wurdest mürrisch und hast die ganze Zeit geschlafen. Danach warst du nicht mehr der alte lebhafte Junge von früher.« Gloria senkte den Kopf. »Ich hab das nie begriffen.«

»Wahrscheinlich war das die Zeit, als ich was vom Atomkrieg gehört hab. Das ist nicht gerade 'ne Aufmunterung, wenn man das erfährt.«

»Ich mach mir über den Atomkrieg und solche Sachen nie Sorgen! Das alltägliche Böse hält mich reichlich auf Trab.« Verdrossen kaute sie auf einem Keks herum.

»Das alltägliche Böse ist es ja gerade, Mom«, sagte Cobb. Als er nach dem Essen aus dem Badezimmer kam, stand sie unter der Lampe und zog das TV-Programm zurate, den Umschlag nach hinten geknickt. »In *Moonlighting* reden und reden und reden sie nur«, sagte sie. »Man könnte die Wände hochgehen.«

Er blätterte in den Büchern, die auf einem Tischchen lagen: *Das große Buch des Barbecue*, *Die Kunst des Atmens*, *Die Gefahren der Pensionierung*. Alles war heutzutage entweder eine Kunst oder eine Gefahr. Als er klein war, hatte seine Mutter nie viel gelesen. Sie war immer zu müde gewesen. Sie hatte in einem

Bekleidungsgeschäft gearbeitet, und sein Dad fuhr einen Brot-wagen. Sie waren vier Kinder. Niemand in der Familie hatte jemals etwas besonders Ungewöhnliches oder Auffälliges getan. Einmal waren sie in Memphis im Zoo gewesen, der einzige Familienausflug mit Übernachtung. In einer Ecke des Zoos, wo man Tiere anfassen und streicheln durfte, hatte ein Lama versucht, seine Schwester zu bespringen. Die wohnte jetzt in Indiana, und sein Daddy lebte mit irgendeiner Frau in Chicago.

Cobb war schon immer aufgefallen, wie oft Menschen anderen erklärten, warum sie etwas taten. Wenn sein Stiefvater einen Hamburger aß, hatte er sofort das Gefühl, sich verteidigen zu müssen, weil er Cholesterin zu sich nahm, auch wenn niemand das erwähnt hatte. Cobb hatte nie das Bedürfnis, etwas zu erklären. Er war immer einfach nur er selber. Aber langsam kamen ihm Bedenken, ob darin nicht doch etwas Merkwürdiges lag, so als wäre diese Haltung ein wenig wurmstichig. Er besaß ein Sweatshirt mit dem Aufdruck »PADUCAH, DIE PLATTE-EICHHÖRNCHEN-HAUPTSTADT DER WELT«. Lynnette fand es grauenhaft. Auf dem Sweatshirt war ein plattgefahrenes Eichhörnchen. Nicht realistisch mit Fell und Augen und buschigem Schwanz oder so; es war bloß eine schwarze abstrakte Figur.

»Das ist eine extreme Geschmacklosigkeit«, sagte Lynnette. »Ich kann nicht mal 'ne Mücke erschlagen. Also kann ich schon gar nicht über ein plattgewalztes Tier lachen.«

Es war das erste Mal, dass etwas wirklich zwischen ihnen stand, also entschuldigte er sich und zog das Sweatshirt nicht mehr an. Allerdings konstatierte das Hemd nur eine Tatsache. Als Cobb einmal im Herbst den Broadway hinunterfuhr, zählte er drei tote Eichhörnchen auf drei Straßenblocks. Das lag an diesen riesigen Eichen.

»Du bist süß«, sagte Lynnette und vergab ihm. »Aber manchmal, Cobb, denkst du einfach nicht nach.«

Der Vorfall beschäftigte ihn. Es war erschreckend, dass er etwas getan hatte, das jemand anderes auf der Stelle als derart gedankenlos betrachtete. Er fragte sich, wie viel in seinem Verhalten genauso war, wie viel Lynnette an ihm entdecken würde, das ebenso fragwürdig war. Er kam sich wehrlos vor, im Dunkeln tappend. Er wusste nicht, wie ernst es ihr mit dem Heiraten war. Sie sagte ihm, sie könne von ihrer Familie keine großartige Hochzeit verlangen. Das würde sie nervös machen, sagte sie. Er nahm an, dass die so was nicht bezahlen konnten, und deshalb drängte er sie nicht. Sie verlangte nie viel von ihm, aber ihre Reaktion auf das Sweatshirt schien ihm maßlos übertrieben. Er erzählte ihr nicht, dass er mit seinem Bruder George ein paar Mal auf Kaninchenjagd gewesen war.

Cobb beobachtete eine eigenartige Szene bei Walmart. Er war da, um sich für die Jagd auf Georges Besitz Gummistiefel zu kaufen, denn nach dem Tauwetter der letzten Zeit war der Boden bestimmt matschig. Cobb suchte gerade nach einem Paar der Größe 9, als er eine der Verkäuferinnen, die noch ein Teenager war, einem Paar drüben in der Haushaltswarenabteilung etwas zurufen hörte. »Ich muss euch was erzählen«, sagte sie. Der Junge und das Mädchen kamen rüber. Sie waren ungefähr im selben Alter wie die Verkäuferin und fast gleich gekleidet, Flanellhemden und neue Jeans. Die Verkäuferin trug einen hellblauen Pullover und Jeans und rosa Basketballschuhe. Ihr Arbeitskittel war nicht zugeknöpft.

»Ja also, wir haben geheiratet«, sagte sie tonlos und hielt die Hand hoch, um ihnen ihren Ring zu zeigen.

»Ich dachte, ihr wolltet damit noch warten«, sagte das Mädchen und spielte mit einer Packung Kassetten, die sie in der Hand hatte.

»Ja, wir hatten keine Lust mehr, noch länger zu warten, und wir hingen so rum, und Kevin sagte, wieso eigentlich nicht, dies Wochenende ist so gut wie jedes andere, und dann haben wir's einfach gemacht.«

»Kevin konnte noch nie irgendwas abwarten«, sagte der Junge mit einem leichten Lächeln.

Seine Freundin fragte: »Seid ihr irgendwo hingefahren?«

»Bloß an den See. Wir sind die ganze Nacht in einem von diesen Motels geblieben.« Sie zog und drehte verlegen an ihrem Ring, als suchte sie nach irgendetwas Interessantem, das sie von dem Ausflug berichten konnte. Der Junge und das Mädchen sagten, sie wollten nach Skate City zur Soul Night, auch wenn's da immer so voll sei. Wieder so eine Erklärung, dachte Cobb. Sie zogen ab, das Mädchen hielt sich am Gürtel des Jungen fest.

Einen Augenblick lang vergaß Cobb, weshalb er hergekommen war. Er ließ seinen Blick durch den Laden wandern. Ein Angebotstisch mit Snowboots, ein Tisch mit Überziehsocken ohne Ferse. Seine Mutter und ihr Buchhalter waren mal in Gatlinburg gewesen, wo sie sich ansahen, wie diese Socken hergestellt wurden. Sie sagte, es sei faszinierend gewesen. In einem Museum dort hatte sie eine Geige gesehen, die jemand aus einer Schinkendose gebaut hatte. Cobb war verwirrt. Warum waren diese drei jungen Leute nicht begeistert und glücklich? Wieso konnte man den ganzen Weg bis nach Gatlinburg fahren, um sich anzusehen, wie Überziehsocken gemacht wurden?

Die Gegend, wo George wohnte, war früher ländlich gewesen, aber jetzt rückte eine Neubausiedlung immer näher, und nicht weit weg ragte ein Fernmeldeturm in den Himmel. Als Cobb ankam, begrüßte ihn der Hund, Ruffy, träge von einem sonnigen Plätzchen auf der Terrasse, die George an die Rückseite des Hauses gebaut hatte. Über einer Grasfläche neben einem Baumstumpf bewegte sich ein Luftsack in Form einer Gans hin und her, vom Wind aufgeblasen.

»Hey, Cobb«, sagte George und öffnete die Hintertür. »Bist auf das Ding da reingefallen, nicht?« Er brach in lautes Lachen aus.

George arbeitete in wechselnden Schichten und musste erst um vier anfangen. Seine Frau, Ceci, war nicht da, sie bediente in einem Restaurant. Spielzeug und Wäsche und schmutzige Teller lagen überall verstreut. Cobb ging um einen großen Truthahnbräter aus Aluminium herum, der mit Fett überzogen war.

Nachdem George Stiefel und Jacke angezogen und eine Schachtel Gewehrpatronen zutage gefördert hatte, gingen sie über die Felder bis runter an einen Teich, wo George mehrere

Bisamrattenfallen aufgestellt hatte. Es war ein eisiger, nass-kalter Tag. Cobbs neue Stiefel waren zu weit, und die Kälte drang durch das Gummi. Überziehsocken, dachte er.

»Ich hasse den Winter«, sagte George. »Ich bin echt froh, wenn's wärmer wird.«

Cobb sagte: »Ich find's okay. Ich find jedes Wetter gut.«

»Sieht dir ähnlich.«

»Ich find's gut, dass man nicht weiß, wie das Wetter wird. Auch wenn sie sagen, wie's werden soll, kann man nie sicher sein.«

»Du hast dich kein bisschen verändert, Cobb. Ich dachte, du würdst mal Ernst machen mit diesem Johnson-Mädchen. Ich dachte, du würdst nun mal ruhiger werden.«

»Was heißt das? Ruhiger werden?«

George lachte nur. Er war neun Jahre älter als Cobb, und er hatte ihn seit eh und je wie ein Kind behandelt.

»Wenn du vorhaben solltest zu heiraten, rat ich dir, erwarte nicht zu viel«, sagte George. »Es ist Geben und Nehmen. So-lange du das nicht vergisst, vermasselst du's vielleicht nicht.«

»Wie kommst du darauf, dass ich's vermasseln könnte?«

George heulte laut auf. »Mein Gott, Cobb, du kriegst ja nicht mal die Schnürsenkel zu!«

»Vielen Dank für das Vertrauen.«

Eine Autohupe war vom Haus her zu hören. »Verdammt. Da ist sie, früher zu Hause, und ich soll mich jetzt um diese Hammelkeule kümmern, die wir bei It's the Pits haben grillen lassen. Ach, sie kann warten, bis wir mit den Fallen hier fertig sind.«

In den Fallen war nichts. Eine war zugeschnappt, wahrscheinlich von einem heruntergefallenen Ast. Cobb fühlte sich erleichtert. Er nahm sich vor, Lynnette von diesem Gefühl zu erzählen. Dann fragte er sich wieder, ob er sich zu sehr anstrengte, ihr zu gefallen.

George sagte: »Ein bisschen hab ich gehofft, 'nen Kojoten zu fangen.«

»Ich hab gedacht, Kojoten gibt's nur im Westen.« George sprach »Kojote« komisch aus, anders als Cobb. Er wusste nicht, was richtig war.

»Sie ziehen langsam hier runter«, sagte George. »Ein Typ die Straße weiter runter hat einen geschossen, und auf'm Highway ist einer überfahren worden. Ich hab noch keinen gesehen, aber wenn ein Krankenwagen mit Sirene vorbeifährt, kann man sie heulen hören. Ich hab sie gehört.« George spitzte die Lippen und stieß ein lautes hohes »Huu-Huu« aus, und Cobb bekam eine Gänsehaut.

Cobb ging die Teenagerbraut vom Walmart nicht aus dem Sinn. Er dachte sich verschiedene Erklärungen für das Verhalten dieser drei Teenager aus: Vielleicht war das Mädchen nicht sonderlich gut mit den beiden befreundet und deshalb ein wenig schüchtern, als sie ihnen die Neuigkeit erzählte. Oder vielleicht war der Junge ein früherer Freund von ihr, und ihr fiel es deshalb nicht so leicht, über ihre Heirat zu sprechen. Cobb erinnerte sich an den Kittel, den sie getragen hatte, und das Graugrün der billigen Stiefel an der Wand hinter ihr. Als er Lynnette von dem Mädchen erzählte und wie leer sie ihm vorgekommen war, sagte Lynnette: »Wahrscheinlich treibt sie zu wenig Sport. Es ist ja bekannt, dass Teenager ganz schlecht in Form sind. Die essen zu viel Junkfood.«

Lynnette war immer in Bewegung. Sie machte Aufwärmübungen und Abkühlungsdehnungen. Sogar beim Sprechen war ihr ganzer Körper in Bewegung. Sie hatte immer Lust, mit ihm zu schlafen, auch nach dem Spätfilm im Fernsehen. In seiner Wohnung sahen sie sich an dem Wochenende *The Tomb of Ligeia* an. Sie wollte an den grausigen Stellen mit ihm schlafen.

Der Film war erst um beinahe ein Uhr nachts zu Ende. Sie stand auf und holte Joghurt aus dem Kühlschrank – Blaubeer für ihn, Erdbeer für sich. Er sah ihr gerne beim Joghurtessen zu. Er schüttelte seinen Becher, bis der Joghurt durchgemixt und flüssig genug zum Trinken war, aber sie aß ihren mit Bedacht – tauchte ihren Löffel senkrecht in den Becher, bis ganz nach unten, und zog ihn dann heraus, voll mit einfachem Joghurt und ein bisschen Frucht an der Löffelspitze. Er sah ihr gerne beim Löffelablecken zu. George würde wahrscheinlich sagen, dass dies ein Vergnügen war, das nicht von langer Dauer sein würde, aber Cobb glaubte, dass er Lynnette jeden Tag ihres gemeinsamen Lebens beim Joghurtessen würde zusehen können. Sie würde unendliche Variationen in diesen Handlungsablauf legen.

Jeder von beiden schien einen verbotenen Bereich zu besitzen, etwas, das sie bloßzulegen fürchteten. Er konnte ihr nicht erklären, was es ihm bedeutete, vor Tagesanbruch aufzustehen und Rotwild jagen zu gehen – nach den Sachen im

Dunkeln zu tappen, sich mit heißem Porridge und schwarzem Kaffee zu rüsten und sich dann in den kalten, stillen Morgen zu werfen, den Frost unter den schweren Stiefeln knirschen zu hören. Mit angehaltenem Atem kauerte er in seinem getarnten Anstand und horchte auf ein verräterisches Prusten und Schnauben, auf ein Rascheln der Blätter, eine verwischte weißliche Bewegung in der aufklarenden Dämmerung, dann ein plötzliches Hufegetrappel und ein blitzartiges Aufzucken von Freude.

Lynnette erzählte ihm von neuen Fotos, die sie im Laden gesehen hatte. »Sie waren von Ferien in Florida«, sagte sie. »Altes Ehepaar. Palmen, blaues Wasser. Aber nicht die typischen Aufnahmen – kein Disney World, keine springenden Delfine. Stattdessen Bilder von Schlamm, Bilder von Baumwurzeln und Rinde. Bäume in Nahaufnahme. Viele Ansichten von einem kleinen Haus mit Stuckverzierungen. Bilder von Autos vor Motels, von Autos am Strand, Autos auf einem Parkplatz vor einem Supermarkt. Eine Art Plankenweg durch den Wald. Dann jemand, der etwas Kleines hochhält. Man kann nicht erkennen, was es ist.«

»Wie klein?« Cobb versuchte, ihrer Beschreibung mit geschlossenen Augen zu folgen.

»Wie eine Münze, die er gerade hochwerfen will.«

»Erzähl mir, was du dir zu diesen Fotos zusammenreimen würdest.«

»Mal sehen, also, sie haben da früher, vor langer Zeit, gewohnt. Da sind ihre Kinder großgeworden, und dann sind sie weit weggezogen. Jetzt ... jetzt sind sie pensioniert und fahren noch einmal hin, aber alles hat sich verändert. Die Bäume sind größer geworden. Es gibt mehr Autos. Die alten Motels sehen – hm, eben alt aus. Fremde haben ihr Haus gekauft, und der Blutweiderich und die Azaleen, die sie gepflanzt hat, sind Monster geworden. Aber sie erkennen sie wieder – dieselbe Schattierung von Lila, dieselbe Stelle an der Einfahrt, wo sie sie gepflanzt hat. Sie gehen näher ran, schnüffeln ums Haus herum und werden weggejagt. Dann gehen sie in einen von diesen Naturparks, wo Plankenwege durch den Wald führen. Ein Mann hat sie hier früher, als sie noch jung und hübsch war, vergewaltigt, aber nach all den Jahren macht es ihr nichts aus, wieder hierher zurückzukommen. Dann verliert sie ihren Ehering, und sie versuchen, ihren Weg zurückzuverfolgen. Sie gucken durch Risse in den Planken. Sie machen all diese Fotos, für den Fall, dass vielleicht der Ring drauf zu erkennen ist und sie später wissen, wo er ist. Wie in diesem alten Film, den wir gesehen haben, *Blow Up*. Dann finden sie den Ring, und sie macht ein Foto davon, wie er ihn hochhält. Aber man kann ihn auf dem Bild nicht erkennen.«

»Das ist dir nicht passiert, oder?«

»Was?«

»Das mit der Vergewaltigung.«

»Nein. Hab ich mir bloß ausgedacht.«

Er drehte sich um, öffnete die Augen und sagte: »So wie du das machst, dir Geschichten ausdenken – damit würdest du doch nie aufhören, oder? Wenn wir alt sind, musst du das auch noch immer machen.«

»Ich hoffe, bis dahin hab ich 'nen besseren Job.«

»Nein, ich mein, wie du dir was ansehen kannst und dann davon ausgehst. Dass du's nicht einfach als was Selbstverständliches hinnimmst.«

»Das ist nichts Besonderes«, sagte sie und wand sich ein bisschen.

»Für mich schon.«

Sie stellte ihren Joghurt auf den Nachttisch und schlug plötzlich mit den Fäusten auf ihr Kopfkissen ein. »Weißt du, was ich am schlimmsten finde?« fragte sie. »Diese Pornos, die manche Typen von ihren Frauen oder Freundinnen machen. Ich muss da jedes Mal dran denken, wenn ich vorm Laufen meine Dehnübungen mach.« Sie schüttelte sich. »Es ist ekelhaft – wie das, was ein Gynäkologe sieht. Es ist noch nicht mal sexy.«

»Vielleicht solltest du sie dir nicht ansehen.«

Sie aß etwas Joghurt, und ein seltsamer Ausdruck kam in ihr Gesicht, als habe sie soeben ein bisschen Schimmel mitgegessen. »Eine Krankenschwester oder ein Arzt dürfen auch nicht zusammenklappen, wenn sie Blut sehen, also sollte ich wenigstens in der Lage sein, mir diese Negative anzugucken. Sie sind nichts Persönliches. Sie haben nichts mit meinem Leben zu tun – stimmt's?«

»Stimmt. Ist wie Fernsehen oder Kino. Ist nicht wirklich.« Cobb versuchte, sie zu beruhigen, aber sie wand sich aus seiner Umarmung.

»Es *ist* wirklich«, sagte sie.

Cobb strampelte mit den Füßen, um die Bettdecke anders hinzulegen. »Ich versteh dich manchmal nicht«, sagte er und wollte sie wieder in die Arme nehmen. »Ich hab Angst, dass ich das mit uns vermassel. Ich hab Angst; dass ich irgendeinen Fehler mach und ihn erst dann erkenn, wenn's zu spät ist.«

»Wovon redest du?«

»Weiß nicht, mein Bruder hat so was gesagt.«

»Es ist ein Fehler, auf seine Verwandten zu hören«, sagte sie und holte den letzten Löffel Joghurt aus dem Becher. »Sie glauben immer an das Schlimmste.«

An dem Wochenende nahm er Lynnette mit zu seiner Mutter zum Sonntagsessen. Seine Mutter hätte es lieber gesehen, wenn er vorher mit Lynnette in den Gottesdienst gegangen wäre, aber das konnte er ihr nicht antun. Und er wollte auch nicht etwas Falsches anfangen, das er dann bis in alle Ewigkeit fortsetzen müsste.

»Du machst dir keinen Begriff von ihrem Haus«, sagte Cobb unterwegs.

Lynnette trug einen schwarzen Minirock, gelbe Strumpfhosen, kurze schwarze Stiefeletten und einen langen, gelben Pullover. Sie sah toll in Gelb aus, wie der gelbbeinige Reiher mit schwarzen Füßen, den er manchmal am See gesehen hatte.

»Wieso bist du so nervös wegen des Hauses?«, fragte sie. »Alle Frauen haben eine ganz besondere Beziehung zu ihrem Haus. Ich find das interessant.«

»Ihres ist mehr als interessant. Es ist 'ne Fallstudie.«

Seine Mutter stand in der Küche und briet Hähnchen. Sie trug eine Schürze über ihren Kirchenkleidern, einer grauen Kombination mit einer Menge rosa Tupfen. Sie sagte: »Eigentlich wollte ich heute Morgen hierbleiben und das Essen für euch fertig haben, aber wir hatten heute diesen jungen Mann, der vor der Predigt eine Rede gehalten hat. Er ist da, um mit der Jugend zu arbeiten. Er war so nett! Der netteste junge Mann, den man sich vorstellen kann. Man nennt so was jetzt einen Christlichen Kommunikator.« Sie lachte und wischte sich die Hände an der Schürze ab.

Cobb versuchte, seine Mutter durch Lynnettes Augen zu sehen. All die Glasgegenstände ließen ihn plötzlich die Zerbrechlichkeit seiner Mutter erkennen. Sie war fast sechzig, aber sie hatte nicht ein graues Haar. Jetzt erst ging ihm auf, dass sie es sich seit Jahren färben musste. Seine Mutter sah Lynnette weder in die Augen, noch sprach sie sie direkt an. Sie sprach zu Lynnette durch Cobb – eine merkwürdige Art und Weise, eine Unterhaltung zu führen, aber etwas, das ihm schon öfter bei Leuten aufgefallen war.

Jim, der Buchhalter, scheuchte sie ins Wohnzimmer, solange Gloria kochte. Pfeife rauchend bombardierte er Lynnette mit Fragen, als interviewe er sie für die Stelle als Cobbs Ehefrau: »Sind Sie mit den Johnsons hinten an der Jubilee Road verwandt? Was macht Ihr Vater beruflich? Wer macht Ihre Steuererklärung?«

»Ich mach meine Steuererklärung immer selber«, sagte Lynnette. »Es ist ziemlich einfach.«

»Sie ist erst 23«, sagte Cobb zu seinem Stiefvater. »Glaubst du etwa, sie interessiert sich für Kapitalanlagen und Abschreibungen?«

Am Tisch bemerkte Cobb: »George hat heute Morgen angerufen und mir erzählt, er habe da draußen bei sich einen

Kojoten gesehen. Wir wollen heute Nachmittag zu ihm rausfahren.«

»Wir wollen gucken, ob wir Kojoten sehen«, sagte Lynnette voller Begeisterung. Sie sprach »Kojoten« so aus wie Cobb, deshalb nahm er an, dass es die richtige Aussprache war.

»Lynnette geht gerne über die Felder spazieren«, sagte Cobb. »Sie ist ein richtiges Naturkind.«

Gloria sagte: »George bekniet mich jeden Sommer, ich soll da zum Bach runter zum Brombeerenpflücken, aber jetzt geh ich erst recht nicht, nicht für Geld oder Liebe – nicht, wenn's da wilde Kojoten gibt.«

»George sagt, sie kommen hierher, weil so viel Abfall herumliegt«, erklärte Cobb ihr. »Sie fangen draußen auf den Feldern Kaninchen und schleichen dann nachts in die Stadt und stöbern die Abfalltonnen durch. Sie sind richtige Dunkelmänner!«

»Seid lieber vorsichtig, ihr beiden«, sagte Gloria.

»Sie greifen Menschen nicht an«, sagte Lynnette. Während des Essens erzählte sie von ihrer Arbeit. Sie sagte: »Manchmal les ich in der Zeitung von einem Unfall, und dann kommen die Fotos rein, und ich erkenn das Opfer. Der Sheriff bringt ab und zu einen Film vorbei, wenn deren Gerät kaputt ist.«

»Das wär nichts für mich«, sagte Gloria.

Lynnette spießte eine Möhrenscheibe auf und sagte: »Wir kriegen Wahnsinnsbilder rein – Schusswunden und Ertrunkene vermischt mit Urlaub und Kindern. Und der Witz dabei ist, sie sind nichts Ungewöhnliches. Sie sind überall, die ganze Zeit. So ist das Leben.«

Jim und Gloria nickten zweifelnd, und Lynnette fuhr fort: »Letzte Nacht konnte ich nicht schlafen, ich musste ständig an Bilder denken, die wir am Freitag reingekriegt hatten – einen ganzen Film von einem Mordopfer auf einem Metalltisch. Der Sheriff hat den Film Freitagmorgen reingebracht und nach dem Mittagessen wieder abgeholt. Ich hab die Leiche von dem Bild des Mannes in der Zeitung wiedererkannt. Ich musste mir das einfach angucken.«

»Ich hab's auch in der Zeitung gesehen!«, sagte Cobbs Stiefvater. »Er hatte Schulden, und der andere hatte keine Lust mehr, länger zu warten. Also hat er sich Mut angetrunken und den anderen abgeknallt. So läuft das bei Leuten dieser Art – Abschaum.«

Lynnette tupfte sich den Mund mit einer senfgelben Serviette ab und sagte: »Es war verrückt, erst das Foto von jemand in der Zeitung zu sehen und dann dieselbe Person wiederzusehen, auf einen Tisch gelegt, mit Schusslöchern im Kopf, und sie trotzdem noch erkennen zu können. Das Foto, das sie in der Zeitung veröffentlicht haben, war ein Schulfoto. Das war wirklich traurig. Schulfotos haben immer so was Peinliches.«

»Noch 'n bisschen Hähnchen?«, fragte Gloria sie. »Cobb, seh ich richtig, du isst Kürbismus? Dass ich das noch mal erlebe, hätte ich nie gedacht.«

An dem Nachmittag war es mild und sonnig, ein wenig frisch noch, aber der Frühling lag in der Luft. Cobb und Lynnette fuhren raus zu George, hielten vorher bei ihrer Wohnung, damit sie sich umziehen konnte. Cobb war froh, dem Haus seiner Mutter entkommen zu sein. Mit einem flauen Gefühl im Magen dachte er daran, wie es sein würde, wenn sie in den kommenden Jahren jeden Sonntag zum Essen zu ihr fahren würden. Lynnette war ihm noch nie so leblos erschienen, als wäre sie ganz erstarrt, das für sie typische Temperament unterdrückt.

George erschien sofort auf seiner Terrasse, als sie bei ihm anhielten. Der Hund bellte, dann beschnüffelte er Lynnette.

»Ruffy hat gestern Abend so um elf gebellt«, erzählte George ihnen, bevor Cobb ihn mit Lynnette bekannt machen konnte. »Ich hab das Außenlicht angemacht, und Ruffy kam die Terrasse raufgerast, zu Tode erschrocken. Es war dieser verdammte Kojote, der sich im Garten an die Gans ranschlich! Sie schlug im Wind hin und her, und der Kojote hatte es auf sie abgesehen. Ruffy wusste nicht, was er davon halten sollte.« George deutete auf den Luftsack, krümmte sich zusammen und machte pirschende Bewegungen. Er lachte.

»Die Gans sieht total echt aus«, sagte Lynnette und beugte sich zu dem Hund herunter, um ihn zu streicheln. »Kein Wunder, dass der Kojote drauf reinfällt.«

»Ich kann dir sagen, es war urkomisch«, sagte George, hingerissen von seiner Neuigkeit. Er richtete sich auf, unterdrückte sein Lachen und sagte dann: »Verdammt, Cobb, wo hast du das hübsche Mädchen her?«

»Vom Jahrmarkt«, sagte Cobb mit einem Grinsen.

Ceci war da, und die drei Kinder auch. »Dies ganze Durcheinander, guckt einfach nicht hin«, sagte Ceci, als sie reingingen. »Ich hab schon lange aufgegeben, hier ’n Haushalt zu führen.« Ceci gab ihrer Zweijährigen, Candy, die an ihrem Ärmel zerrte, einen Schubs. Das kleine Mädchen hatte mindestens zehn Gummibänder fest um den Arm gespannt. Während Ceci eins nach dem anderen löste, sagte sie: »Wir haben immer noch was von der Keule, Cobb. Ich mach euch beiden Sandwiches für unterwegs, wenn ihr wollt. Die könnt ihr am Bach essen.«

Cobb schüttelte den Kopf. »Mom hat uns gerade mit Hähnchen vollgestopft, ich kann kaum noch gehen.«

Lynnette, die den Gewehrständer im Wohnzimmer entdeckt haben musste, fragte George: »Willst du den Kojoten schießen?«

George schüttelte den Kopf. »Nicht an einem Sonntag. Ich kann ihn sowieso nicht mit 'ner Schrotflinte schießen. Dafür bräuchte ich ein schweres Jagdgewehr.«

»Ich würd unheimlich gerne mal 'nen Kojoten sehen«, sagte Lynnette.

»Du kannst ihn haben«, sagte Ceci. »Ich will keine Kojoten sehen.«

»Vielleicht begegnen wir ja einem da unten am Bach«, sagte Cobb ruhig zu Lynnette. Er streichelte ihr beschützend den Rücken.

»Wahrscheinlich schlafen die alle um diese Tageszeit«, sagte George. »Wenn ich's schaffen würde, morgens um sechs aufzustehen, könnte ich vielleicht einen zu sehen bekommen. Aber ich komm einfach nicht mehr so früh aus dem Bett.«

»Lynnette steht auf, sobald es hell wird, und läuft sechs Meilen«, sagte Cobb.

»Ach, deshalb ist sie so dünn«, sagte George zu Cobb, sein Grinsen sollte Lynnette einschließen, aber er sah sie nicht an.

Ceci sagte: »So weit könnt ich nicht mal laufen, wenn's um mein Leben ginge.«

»Man muss sich da langsam ranarbeiten«, sagte Lynnette. Ceci hatte schließlich alle Gummibänder von Candys Arm herunter, und sie sagte zu dem Kind: »Wir beide wollen keinen ollen Kojoten sehen, nicht, Schätzchen?«

Cecis Ton Lynnette gegenüber ärgerte Cobb. Sie schien sagen zu wollen, dass sie die Überlegene war, weil sie *nicht* sechs Meilen laufen konnte. Cobb hasste es, wenn Leute ihr mangelndes Selbstvertrauen so verdrehten, dass sie geradezu stolz darauf zu sein schienen. Unruhig drängte er Lynnette, sich mit ihm auf den Weg in die Felder zu machen.

George schrie hinter ihnen her: »Zählt auf jeden Fall mit, wie viele Kojoten ihr seht.«

Lynnette hakte sich bei Cobb ein, und sie gingen über ein kahles, stoppeliges Maisfeld. »Hoffentlich sehen wir einen«, sagte sie. »Ich würd mit ihm sprechen. Ich wette, man könnte sie zähmen, wenn man genug Geduld hätte. Das wär was für mich.«

»Wahrscheinlich würdst du's sogar schaffen.« Er lachte und legte ihr den Arm um die Schultern.

Lynnette sagte: »Ich kannte mal 'ne Familie, die hatten ein zahmes Reh, das kam immer zu dem Salzleckstein, den sie ihm draußen hingelegt hatten. Das Reh wurde so zahm, dass es ins Haus kam und mit ihnen ferngesehen hat.«

»Glaub ich nicht!«, sagte Cobb. »Das ist ein Witz.«

»Nein, ist es nicht! Wenn Jagdsaison war, banden sie ihm eine große, rote Schleife um den Hals.«

Der Matsch von Anfang der Woche war getrocknet, aber Cobb trug seine neuen Gummistiefel. Lynnette hatte sich schwarze Stiefel und Jeans angezogen. Sie trug nichts auf dem Kopf. Er liebte sie dafür, dass ihr die Kälte nichts ausmachte.

»Ist alles in Ordnung?«, fragte er. »Nicht zu windig?«

»Ist gut so. Bloß ...« Sie seufzte ärgerlich. »Ich hätte bei deiner Mutter nicht über diese Fotos reden sollen.«

»Doch, das war vollkommen richtig. So was kann sie ruhig mal hören.«

»Nein. Ich hätte meinen Mund halten sollen. Aber ihr Haus hat mich irgendwie gereizt. Ich wollte sie schockieren.«

»Ich weiß, was du meinst. Ich würd am liebsten immer das ganze Glas zerschlagen.« Er kickte mit dem Stiefel einen Erdklumpen vor sich her. »Familien«, sagte er angewidert.

»Schon in Ordnung«, sagte sie. »So was gibt's nun mal.« Sie bückte sich und hob eine Eichelhäherfeder auf. Sie drehte sie zwischen den Fingern.

George hatte den Bach entlang einen Pfad freigehauen, und sie folgten ihm. Als sie vom Pfad zum Bach hinunterstiegen, hielt Cobb Lynnette an der Hand und schob die Zweige beiseite, damit sie ihr nicht ins Gesicht schlugen. Der Wasserspiegel war gesunken, und an einigen Stellen lagen Kiesflächen frei, über die sie gehen konnten. Eine Zeit lang arbeiteten sie sich am Rand des Baches entlang, dann kam eine Stelle, wo das Wasser ein paar Zentimeter tief war. Cobb trug Lynnette huckepack hindurch. Sie quietschte und begann zu lachen. Er patschte durch die Pfützen und setzte sie auf der anderen Seite vorsichtig ab. Nach ein paar Schritten hockte sie sich auf den Boden und untersuchte ein paar Spuren.

»Hier ist ein Kojote gewesen!«, rief sie aufgeregt. »Oder vielleicht ein Fuchs.«

Die Spuren, rund wie die Rosetten von Hundepfoten, waren undeutlich. Cobb erinnerte sich, dass er als Kind in einem Frühjahr einen Rotfuchs durch ein Winterweizenfeld laufen gesehen hatte. Der Weizen war einige Handbreit hoch, und der Fuchs lief da hindurch und hinterließ eine Heckwelle wie ein Boot. Alles, was Cobb sehen konnte, war der Pfad durch den Weizen und ab und zu den auftauchenden Fuchsschwanz. Noch nie zuvor hatte er ein kleines Tier sich so schnell bewegen sehen. Es war, als sehe er dem Verrinnen der Zeit zu, dem Schnellsten, was es gab.

Sie setzten sich auf einen umgestürzten Baumstamm neben einem in das Bachufer gegrabenen Tierbau, unterhalb der freiliegenden Wurzeln einer Platane. Vertrocknete, ineinander verschlungene Ranken hingen herab, und ein Lehmpfad führte die Böschung hinunter ins Bett des Baches.

»Was hältst du wirklich von meiner Mom?«, fragte Cobb und nahm Lynnettes Hand.

»All der Nippes da hat mich traurig gemacht.« Lynnette zog an ein paar harten Ranken am Boden. Cobb sah nach, ob das nicht Giftsumach war; er beobachtete, wie ihre schlanken Finger mit den biegsamen Stielen herumspielten, während sie redete. Sie sagte: »Ich möchte nicht, dass meine Mom sich mit einer Hochzeit rumschlagen muss.«

»Warum nicht?«

»Sie käm damit nicht klar.«

»Wir müssen ja nichts Großartiges machen.«

Lynnette rückte ein wenig von ihm ab. »Sie ist ein Mensch, der für alles Listen macht und alles noch mal und noch mal kontrolliert«, sagte sie. »Weißt du – so ein Mensch, der immer noch mal zurückgehen muss, um nachzusehen, dass der Herd auch abgestellt ist, wenn sie das Haus verlässt? Genauso ist sie, nur richtig schlimm. Deshalb kommt sie zu nichts. Sie kann nicht telefonieren, ohne zehnmal die Nummer zu überprüfen.«

Das hörte sich an, als sei Lynnettes Mutter ein bisschen verrückt, schloss Cobb. Er hatte ein Foto von ihr gesehen. Sie war hübsch, hatte ein großzügiges Lächeln. Cobb hatte sie sich irgendwie als eine zarte Frau vorgestellt, die starke Überzeugungen hatte. Ihr Lächeln erinnerte ihn an Dolly Parton, bevor sie so viel abgenommen hatte.

Lynnette sagte: »Als ich in der letzten Klasse der Highschool war, hat meine Mom versucht, sich umzubringen. Sie hat eine Menge Valium geschluckt. Ich war mit der Highschool-Band bei einer Probe und bekam im Büro unseres Direktors den Anruf, ich sollte ins Krankenhaus kommen. Es war eine totale Überraschung. Ich hätte nie damit gerechnet, dass sie so was tun könnte.« Lynnette spielte immer noch mit der Feder, während sie redete, obwohl Cobb ihre Hand hielt und sie drückte.

»Warum hat sie das gemacht?«, fragte er.

»Eine Zeit lang hab ich mir selbst die Schuld gegeben. Ich dachte, ich hätte ihr nicht gezeigt, wie sehr ich sie liebte.

Ich hatte immer so viel zu tun mit den Bandproben und dem ganzen Teeniemist. Und ich erinnerte mich daran, wie ich sie mal fürchterlich aufgeregt hab, als ich was Gemeines über Dad gesagt hab. Aber dann, erst vor ein paar Jahren, hab ich rausgekriegt, dass mein Dad damals was mit 'ner Frau aus dem Country Club laufen hatte. Und als ich dann zurückblickte, wurde mir klar, das Einzige, was Mom hatte, war das Haus. Sie hatte gearbeitet, bevor wir hierherzogen, aber hier hat sie keinen Job gefunden, und sie hatte nicht viele Freunde, und ihr Haus war alles, was sie hatte. Ich erinnere mich, wenn ich nach Hause kam, war sie dabei, all ihren Nippes abzustauben oder 'ne Tapete zu kleben oder künstliche Blumen zu Gestecken zu ordnen. Ich hab mich immer darüber lustig gemacht und ihr nie geholfen. Damals fing's an, dass sie alle Sachen so gründlich unter die Lupe nahm und zählte und Angst hatte, die Übersicht zu verlieren. Damals kam's mir noch nicht auffällig vor.« Lynnette schauderte vor Abscheu. »Ich erinner mich noch genau, als der Welcome Wagon kam – diese beiden grinsenden fetten Frauen. Sie brachten uns irgendwelchen Schrott aus den Geschäften, Coupons und Kleinigkeiten. Ein kleines Zedernkästchen von einem Möbelgeschäft war bei dem Kram. Deine Mutter hat so'n ähnliches, auf der Anrichte im Flur.«

»Eins von ihren Gatlinburg-Souvenirs«, sagte Cobb.

»Ich hab den Welcome Wagon gehasst. Ich hab gedacht, die wären bloß vorbeigekommen, um zu schnüffeln, um zu gucken, ob wir der Country-Club-Typ von Menschen waren. Und wir waren's nicht. Und wenn ich dann dran denke, dass mein Dad mit einer von diesen Country-Club-Frauen herummachte – einer Golferin … ich wär am liebsten im Erdboden versunken.«

Cobb drückte Lynnette fest an sich. »Jeden Tag lern ich dich besser kennen«, sagte er. »Und das ist erst der Anfang.« Er suchte verzweifelt nach einem passenden Vergleich. »Das ist erst der einfache Joghurt obenauf, die Früchte kommen noch.«

Sie kicherte. »Das ist das Albernste, was ich je gehört hab! Das gefällt mir so an dir. Dass du keine Angst hast, so was Lächerliches auszusprechen. Und du meinst es auch noch.« Sie ließ die Eichelhäherfeder fallen, sie kreiselte einen Moment lang im Wasser und blieb dann an einem Blatt hängen.

»Aber ich hab Angst, Cobb. Ich hab Angst, ich könnte dasselbe wie sie machen – aus anderen Gründen.«

»Was für Gründen?«

»Ich weiß nicht.«

»Aber du bist nicht so.«

»Aber ich könnte so werden.«

»Nein, das wirst du nicht. Das ist verrückt.« Cobb merkte, dass er das falsche Wort benutzt hatte. »Nein, das ist doch lächerlich«, sagte er. »So wirst du niemals.«

»Als ich diese Fotos im Geschäft gesehen hab, hab ich mir Fotos vorgestellt von meiner – wenn meine Mutter es damals geschafft hätte.«

Cobb sah zu, wie sich die Feder von dem Blatt löste und langsam mit dem kleinen Rinnsal im Bett des Baches dahinschwamm. Er versuchte, sich vorzustellen, was dieser Feder alles auf ihrem Weg passieren konnte, bis sie sich in kleine Teilchen auflöste – ein seltsamer Gedanke. In zehn Jahren, dachte er, würde er vielleicht auf diesen Moment zurückblicken und wissen, dass es genau der Zeitpunkt gewesen war, an dem er hätte haltmachen und die ganz rationale Entscheidung treffen sollen, keinen Schritt weiter zu gehen, aber das konnte er jetzt nicht wissen.

Sie sagte: »Hast du überhaupt 'ne Vorstellung davon, wie kompliziert es werden wird?«

Cobb nickte. »Genau das gefällt mir«, sagte er zuversichtlich. »Hier unten sagt man: Wir werden das Kind schon schaukeln.«

Strähnen ihres Haares flatterten leicht im Wind, aber sie bemerkte das nicht. Sie konnte nicht sehen, wie das Licht durch ihr Haar schien, wie das Licht im Frühling durch einen grünenden Baum.

aus dem Englischen von Hannah Harders

Zadie Smith

DAS MÄDCHEN MIT DEN PONYFRANSEN

Ich habe mich einmal in ein Mädchen verliebt, es ist schon eine
Weile her. Und dieses Mädchen trug einen Pony. Ich war zwanzig Jahre alt und hatte die üblichen Dummheiten im Kopf. Zum
Beispiel, dass man mit jemandem zusammen sein, diesen Jemand sogar heiraten konnte, ohne ein Problem darin zu sehen,
wenn sich der oder die Betreffende durch die Betten schlief. In
meinen Augen war das noch lange kein Grund für ein großes
Drama, schon gar nicht für Tränen. Einen freundlichen Klaps
vielleicht, mehr hatte der Fremdgeher nicht zu gewärtigen,
spätestens dann war alles wieder gut. Ich hielt die meisten Leute für Langweiler, egal von welcher Seite man sie betrachtete.
Meiner Meinung nach war das Ausmaß ihrer Langeweile leicht
zu bestimmen (Klamotten, Frisur), ihre Langeweile auch gar
nicht zu vermeiden, weil sie – wie ein Wasserzeichen – ihr ganzes Wesen durchdrang. Auf meiner Liste des Bedeutungslosen
befand sich so allerhand. Der Tod gewisser Phänomene bei-
spielsweise (Sozialismus, einige Musikrichtungen, alte Menschen). Und die Zukunft bestimmter anderer Dinge ebenfalls
(Film, Schuhmode, Lyrik). Allerdings will ich damit heute

niemanden mehr langweilen. Die einzige wirklich wichtige Schwachsinnsidee, die ich damals mit mir herumtrug, das einzige echte Bauchgefühl, wenn man so will, besagte, dass ein Mädchen mit einem seidigen schwarzen Pony, dessen Fransen ihm ständig in die perriergrünen Augen fielen, dass so ein Mädchen eigentlich nur Gutes bedeuten konnte. Schon ihr zuzusehen, wie sie sich die Strähnen aus dem Gesicht strich, Strähnen, die gleich wieder an ihren alten Platz zurückfielen, schon diese Kombination war gut, intrinsisch gut sogar, inhaltlich wie formal. Es war in etwa so, wie man Kirschen mögen kann (im Sinne von dass alle Bäume voller Kirschen hängen). Sie war aber auch so was von süß. Bis zu dem Moment, in dem der innerste Kern dieser süßen Kirsche tief in deiner Luftröhre steckt. Aber ich war eben überzeugt, dass Charlotte Greaves mit ihren Ponyfransen gut für mich war, obwohl genau das Gegenteil zutraf. Sie brauchte nur acht Monate, um mich komplett auseinanderzunehmen, und das so effizient, wie ein Kind ein Spielzeug in seine Einzelteile zerlegen kann, welches es zuvor selber zusammengebaut hat. Ich war vorher noch nie mit einem Mädchen zusammen gewesen, und sie war so schlecht für mich, wie Jungs es nie sein konnten, weil man bei Jungs jederzeit eine Liste des Für und Wider erstellen kann, die einem erlaubt abzuwägen. Aber bei Charlotte konnte die Liste der Nachteile so lang sein wie von hier nach Aserbaidschan, solange ihr Pony auf der Positivliste stand, war jeder Einwand nichtig. Jungs sind letztlich nichts weiter als Jungs, aber bei Mädchen schafft dich unter Umständen schon der Anblick eines blassen Handgelenks, der unerwartete Schwung einer Hüftlinie oder eben eine dunkle Haarsträhne auf einer Stirn voller Sommersprossen. Ich behaupte nicht, dass das alles ist, was ihre Anziehungskraft ausmachte, aber manchmal sieht es fast so aus. Dann können selbst solche Kleinigkeiten wie ein Muttermal auf dem Schenkel, ein Erröten, eine Narbe, die exakt so aussieht wie eine Cashewnuss, zum Haken werden, an dem du hilflos zappelst. In diesem Fall war es also ihr Pony, ihr seidiger, schmerzlich schöner Pony, ein Vorhang zu einem Gesicht, vor dem du ewig stehen könntest. Natürlich haben alle Frauen auch einen Backstage-Bereich, mit vielen dunklen Winkeln und unbekannten Zimmern, alles unbestritten. Aber wartet nur ab, bis es euch selber passiert, mehr sage ich dazu nicht.

Als ich sie zum ersten Mal sah, war sie noch mit diesem Belgier zusammen, der damals im College-Wohnheim auf demselben Flur wohnte. Und der erste Eindruck am Morgen war erst einmal nicht so toll. Meist schluffte sie in jeder Hinsicht zermatscht im Gemeinschaftswaschraum herum, das T-Shirt in den Slip gestopft, Zigarette im Mund, Reste von Zahnpasta oder Mundwasser an den Lippen, Wuschelsträhnen in den Augen. Es war nur schwer nachvollziehbar, was dieser Belgier – Maurice hieß er – an ihr fand. Er jedenfalls hatte diesen grandiosen, irgendwie hyperrealen französischen Akzent und eine Kinnpartie, wie sie damals angesagt war. In puncto Äußeres bekam er überall ein Häkchen und war insofern ein echter Hingucker. Charlotte dagegen entsprach eher dem Typ Frau, der gerade mal zwei BHs besaß – und die auch noch grau.

Erst nach einer Weile und nur wenn man genauer hinschaute, merkte man, was sie so einzigartig machte. Egal wann man ihr über den Weg lief mit ihrem staksigen Gang (oder besser: in sie hineinlief, denn sie hatte ihre Augen Gott weiß wo), sie sah immer so aus, als wäre sie gerade aus dem Bett gefallen. Dieses Kennzeichen gehört eindeutig in die Rubrik »Eigenschaften, die nicht jede hat« und war die abgeschwächte Form des berühmten »Schlafzimmerblicks«. Man könnte auch sagen, sie sah aus, als hätte sie nur Sex im Kopf. Das konnte seine Wirkung natürlich nicht verfehlen. Und immer schien es, als sei sie gerade einer unguten Beziehung entronnen und als wärst du ihre letzte Rettung. Eine angeschlagene, humpelnde, zerlumpte Gestalt, aber mit was für einem Lächeln, was für ausgestreckten Armen! – derweil im Hintergrund noch die Trümmer rauchten. Okay, vielleicht hatte ich zu viele Filme gesehen. Aber sie war wie das Bündel kostbarer Habseligkeiten, das bei einem Brand noch aus dem dritten Stock geworfen wird. All das, was ein besorgter Hauseigentümer noch irgendwie retten will und aufs Geratewohl zusammenklauben und lose in eine Decke wickeln konnte, es fliegt dir nun entgegen. Klar, man kann sich daran wehtun, an diesem Bündel. Aber, hey, guck mal, was du da aufgeschnappt hast! Schön, es hat ein paar Kratzer abbekommen, aber ansonsten ist es heil. Und kein anderer als du hast es gerettet! (Ihr versteht mich, ich weiß das. Denn genau so fühlt es sich an. Vergleiche und Metaphern haben ja überhaupt nur den einen Sinn, Frauen zu beschreiben.)

Nun begab es sich, dass diesem Maurice in Thailand ein lukrativer Job als Nachrichtensprecher beim Fernsehen angeboten wurde, und er natürlich hin- und hergerissen war. Auf der einen Seite Charlotte, auf der anderen Seite das Geld. Seine Gewissenserforschung erbrachte, dass er sie nur verlassen konnte, wenn sie ihm versprach, auf ihn zu warten. Das versprach sie ihm zwar, aber weg war er trotzdem, und an dieser Stelle kam ich ins Spiel. Nicht sofort, aber Schritt für Schritt, ich bin ja kein Dieb. In der Bibliothek hielt ich mich immer in ihre Nähe auf, betrachtete versunken ihren Pony und konnte mich kaum konzentrieren. Auch in der Mensa saßen wir bald nebeneinander, und jedes Mal, wenn die Leute mit ihrem Tablett an unserem Tisch vorbeigingen, gerieten ihre Ponyfransen in Bewegung. Ich schmiss mich erst an ihre Freundinnen heran, dann an sie selbst und hatte über Maurice selbstverständlich nur Gutes zu sagen. In dieser Phase wurde ich zum Jungen, stand mit weit ausgebreiteten Armen unter ihrem Fenster und ließ auch sonst keinen Anmach-Trick aus. Diese Tricks sind übrigens längst nicht so schwierig, wie manche Jungs glauben machen wollen. Vor allem aber funktionieren sie eher langfristig und nur durch Akkumulation, das heißt, man darf mit ihnen keinesfalls nachlassen. Dunkle Momente, in denen man an dem frustrierenden Spiel beinahe irrewird, gibt es natürlich auch. Aber dann, ganz plötzlich, zahlt sich die Mühe aus. Bei Charlotte war es folgendermaßen: Sie kam zu einem Kräutertee bei mir vorbei, ich drehte einen Joint und dann noch einen, und schon sehr bald lag sie in meinem Schoß, rückgratlos wie eine Molluske, und ich spielte mit ihren Haaren, und es hatte begonnen mit uns.

Die meiste Zeit waren wir in ihrem Zimmer. Zu Beginn einer Affäre braucht man ja keine Außenwelt. Ihr Zimmer war wie ein verdreckter Kokon, knöcheltief lag dort der Müll. Es war die Art Zimmer, das einen vereinnahmte und nie wieder losließ. Da es keine Uhr gab und ich auch meine Armbanduhr verloren hatte, verging unsere Zeit parallel zu allerlei Zersetzungsprozessen. Faulendes Obst, die Vermehrung von Bakterien, der steigende Pegel der Zigarettenstummel in der Vase, die uns als Aschenbecher diente, das waren unsere Chronometer. Es war ein Viertel nach diesem angegammelten Apfel, der dritte Samstag nach Erscheinen dieses Flecks. Solche Sachen waren natürlich nicht schön, eher nervig. Außerdem war sie nicht gerade eine Leuchte. Jedem Buch, das ich ihr gab, erging es so wie einem Weihnachtsgeschenk in Kinderhand: Am ersten Tag herrschte helle Begeisterung, aber schon am zweiten lag es unter dem Leichentuch der Langeweile, ehe es gegen Ende der Woche in die Ecke gefeuert und nie mehr gesehen ward. Wenn wir miteinander schliefen, kam es vor, dass ich unversehens von einer scharfkantigen Buchseite in den Zeh geschnitten wurde oder ein Hardcover im Kreuz spürte, das offenbar schon seit Wochen da lag. Von einem Bett im eigentlichen Sinne konnte übrigens keine Rede sein. Das Bett war lediglich der Ort, der nicht ganz so zugemüllt war wie der Rest des Zimmers. (Aber halt! Da kommt sie in weitem Bogen angeflogen, und hier stehe ich, exakt an der richtigen Stelle, und genau dort landet sie auch, und nichts ist kaputt, alles noch heil, und ich, ich kann mein Glück kaum fassen. Ihr versteht, was ich meine. Ein einziger Blick auf diesen Pony, und alles Negative war wie weggeblasen.)

192

Nochmals: Ich weiß, es klingt bescheuert, aber vergessen wir den Pony nicht. Vergessen wir nicht, wie das war, wenn wir uns gestritten hatten, also richtig heftig gefetzt, wenn sie mich dann durch diese schweißverklebten Fransen anblickte – und ich nur noch kapitulieren konnte. Klar, lass den umgeschmissenen Blumenpott nur liegen. Klar, Rousseau war ein Idiot – wenn *du* es sagst. So oder so ähnlich fühlt es sich also an als Junge. Du stehst mit auffangbereit geöffneten Armen auf der Straße, die doofe Hoffnung in Person. Nichts, was du für sie nicht tun würdest.

Charlottes Prüfungen rückten näher. Ich flehte sie an, ihre Leseliste noch einmal durch- und ansonsten möglichst planmäßig vorzugehen, aber sie wollte alles nach ihrer Methode machen. Ihre Methode bestand darin, dieselben zwei Bücher – nämlich Rousseaus *Gesellschaftsvertrag* und Platons *Staat* (ihre Seminararbeit befasste sich mit den Menschen und wie sie ihr Dasein organisieren oder früher einmal organisiert haben oder organisieren sollten, keine Ahnung, das offizielle Thema klang wesentlich wissenschaftlicher, aber das habe ich ebenfalls vergessen) – immer und immer wieder zu lesen. Sie tat das in dem Studiersaal, der in einem ruhigen Winkel des College untergebracht war. Den Studiersaal durften im Prinzip alle benutzen, aber seit Charlotte dort eingezogen war, ließen sich die anderen immer seltener dort blicken. Ich erinnere mich an einen deutschen Graduierten, der noch einen Monat lang die Stellung hielt, sich regelmäßig räusperte und demonstrativ die Sachen auflas, die sie auf den Boden geworfen hatte. Ohne Erfolg, auch er gab am Ende auf. Im Studiersaal breitete sich ungehemmt Charlottes Müll aus. Ihre Unterlagen auf dem Boden, Essensreste auf den Tischen, ihre Klamotten (auch meine, denn jede Trennung war längst aufgehoben) auf jeder Stuhllehne. Leute sprachen mich in der College-Bar an: »Hör mal, Charlotte hat schon wieder X gemacht. Könntest du nicht dafür sorgen, dass Charlotte X bleiben lässt? Wär echt nett.« Ich gab mir alle Mühe, aber ihr Pony bewahrte sie davor, dass sie ihre Charlotte-Welt je verlassen musste, und so darf bezweifelt werden, ob ich je zu ihr durchdrang. Und bevor wir fortfahren, beantwortet mir eine Frage: Habt ihr jemals unter einem Fenster gestanden und nur wertlosen Krempel aufgefangen? Schmuck, von dem man das Gold mit dem Daumen abrubbeln kann, gefälschte Unterschriften, Tinnef aller Art. Ja? Vielleicht war der Köder bei euch ein anderer, kein Pony, vielleicht waren es zwei Grübchen oder zwei strahlenden Augen. Oder irgendwelche anderen körperliche Eigenschaften (Haare, Haut, Kurven), die euch an Naturphänomene erinnerten (Weizenfeld, Milch, Meer). Kommt aber aufs selbe heraus. Also: Schon mal so was erlebt? Schon mal mit so einem Mädchen zusammen gewesen?

Kurz nach Charlottes Prüfungen, als sie an den Klippen des geforderten Punktedurchschnitts von 2,2 erwartungsgemäß gescheitert war, klopfte es an der Tür. *Meiner* Tür, daran erinnere ich mich genau. Ich warf einen Bademantel über und machte auf. Es war Maurice, braungebrannt und angetan wie einer der Beatles auf ihrem Maharishi-Trip: weißer Anzug mit Nehru-Kragen, Strubbelhaare, hinten etwas länger. Er sah phantastisch aus. Er sagte: »Jemand in der Bar meinte, du wüsstest, wo Charlotte ist. Ich muss sie sprechen, es ist dringend. Hast du sie gesehen?« Gesehen hatte ich sie tatsächlich, sie lag ja in meinem Bett, keine zwei Meter weiter hinter der Trennwand. »Nein …«, sagte ich. »Nein, heute Morgen noch nicht. Sie ist wahrscheinlich beim Frühstück in der Mensa, so wie immer. Aber erzähl mal, Maurice, seit wann bist du wieder da?« Er sagte: »Später. Erst muss ich Charlotte finden. Ich will sie heiraten.« Und ich dachte nur: »O Gott, in welchem schlechten Film bin ich gelandet?«

Ich rüttelte Charlotte wach, streifte ihr ein paar Sachen über und sagte ihr, sie solle sich beeilen und hinten herum in die Mensa laufen, damit sie vor Maurice da war. Kaum fiel die Tür hinter ihr zu, sah ich sie in Gedanken – was keine große Phantasie erforderte. Ich hatte sie schon vorher so rennen sehen, wie ein tapsiges Tier, ein Panda (?), auf den gerade geschossen wurde. Ich sah sie vor mir, wie sie an den alten ehrwürdigen Mauern entlangstolperte, an Efeu hängen blieb, Stufen hinauffiel und schließlich durch die Pendeltür der Mensa krachte, wo sie sich genauso verstört umschaute wie ein Zeitreisender, der nicht weiß, in welche Epoche es ihn diesmal verschlagen hat. Tatsache ist, sie musste es gerade noch rechtzeitig geschafft haben. Doch wie alle Welt heute weiß, kostete es ihn nur einen kurzen Blick auf ihr strähniges Haar und den Knitterabdruck, den Schlaf und Kopfkissen auf ihrer Stirn hinterlassen hatten, und er sagte: »Sag mal, *schläfst* du mit ihr?« (Oder vielleicht betonte er es anders und sagte: »Schläfst du mit *ihr?*« Keine Ahnung, ich weiß es ja nur vom Hörensagen.) Und Charlotte, die wie die meisten desorganisierten Frauen nicht lügen konnten, sagte: »Äääähm ... ja. Ja.« Worauf sie allerdings nichts als weibliche Erleichterung demonstrierte, indem sie die Unterlippe vorschob, die Backen aufblies, den Luftstrom anschließend nach oben leitete und so die Ponyfransen flattern ließ.

Später am Nachmittag kam Maurice zu mir aufs Zimmer und suchte, in nobler Haltung, die Aussprache von Mann zu Mann. Die Hauptaussage ist bekannt: »Ich bin zurückgekommen, sie zu heiraten, will aber andererseits eurem Glück nicht im Wege stehen.« Das Ganze war vernunftgeleitet und sehr britisch von ihm. Ich überließ ihm die Bühne, nickte an den passenden Stellen, hob zuweilen protestierend die Hand, aber nur um sie schnell wieder zurückzuziehen. Man kann eh nichts dagegen machen, wenn man ausgewechselt wird. Ein kleiner Schritt zur Seite, und schon steht der alte/neue belgische Macker auf der Straße, schaut mit ausgestreckten Armen in die Höhe und kalkuliert schon mal die Flugbahn seines Schatzes. Ich dachte an das Mädchen, das er zurückhaben wollte, das Mädchen, das mich Stück für Stück auseinandergenommen, mir nichts als Kummer bereitet hatte, dachte an ihren Pony und ihr beschissenes, asoziales Verhalten. Mir war klar, ich war in jeder Beziehung erledigt und konnte über seine Hingabe nur staunen. Aus tausend Meilen Entfernung, vor rauchenden Trümmern, sah ich ihn, wie er mich anflehte, sie beide doch bitte in Frieden zu lassen. Dabei Tränen in den Augen, das volle Programm. Ich willigte ein, es war nach Lage der Dinge ohnehin das Beste. Ich wusste sowieso, dass dieses Mädchen im Lauf der Jahre von Hand zu Hand ging und dass sich jeder einbilden würde, ihr Retter zu sein, auch wenn sie tatsächlich nie in Gefahr schwebte. Und nie heißt nie. Diese Frau war keine einzige Sekunde lang wirklich in Gefahr.

Er sagte: »Gut, dann gehen wir jetzt zu ihr und sagen ihr, worauf wir uns geeinigt haben.« Ich sagte okay, aber als wir zu Charlotte kamen, hatte gerade jemand anderes die Hand in ihren Haaren. Charlotte gehörte eben zu denjenigen Menschen, für die Sex jederzeit erreichbar ist, er (der Sex) *widerfährt* ihr einfach und das mit einem Minimum an konversationellem Aufwand. Mit diesem Typ schlief sie schon seit Monaten, immer dann, wenn sie gerade nicht bei mir war. Das alles kam im weiteren Verlauf wie selbstverständlich heraus.

Ist es deshalb zu fassen, dass Maurice sie trotzdem heiratete? Und nicht nur das, er heiratete sie sogar, nachdem sie sich noch am selben Nachmittag den Kopf kahl rasierte, nur um uns zu ärgern. Und das ging nicht nur gegen uns, sondern auch besagten Typ, den wir, Maurice und ich, bis dato noch nie gesehen hatten. Maurice nahm also seine glatzköpfige Engländerin mit dem staksigen Gang und dem Temperament einer Erinnye zurück nach Thailand und heiratete sie allen Warnungen ihrer Freunde zum Trotz und unter dem lautstarken Protest von Aneepa Kapoor, seiner Komoderatorin im Studio. Die Anchorfrau mit dem Style einer Hitchcock-Heroine war

das genaue Gegenteil von Charlotte: streng zurückgebunde-
ne Haare, spitze Nase, bösartiger roter Mund. Vor allem aber
war sie eine Frau, die man nicht auffangen musste. »Maurice«,
sagte sie, »du schuldest mir etwas. Du schmeißt nicht vier Monate weg, als wäre es gar nichts!« Maurice selbst hat mir ganze
Mails darüber geschrieben, gab sogar zu, dass er eine Zeit lang
etwas mit Aneepa hatte, was ihr offenbar zu weitergehenden
Hoffnungen Anlass gab. Denn wir wollen doch mal ehrlich
sein, in der wirklichen Welt, scheint mir, sind es nicht die
Männer, sondern fast immer die Frauen, die unter dem Fenster stehen und – meist vergeblich – warten. In dieser Hinsicht
war Charlotte wirklich außergewöhnlich.

aus dem Englischen von Marcus Ingendaay

Lorrie Moore

DANKE, DASS ICH KOMMEN DURFTE

Am Tag nach Michael Jacksons Tod baute ich mir eine Gedenkstätte für ihn. Ich spielte seine Videos auf YouTube ab und saß nachts in der Küche, wo der iPod mitten auf dem Tisch die einzige Lichtquelle war. Ich hörte »The Man in the Mirror« und »Ben«, mein Lieblingslied, auch wenn es von einer Killerratte handelte. Ich versuchte, nicht daran zu denken, dass es von einer Ratte handelte, weil Ben auch der Name eines alten Verehrers war, der mir aus Istanbul mailte, nachdem er von Jacksons Tod gehört hatte. Anscheinend gab es niemanden in der Türkei, mit dem er darüber reden konnte. »Als ich die Nachricht von MJacksons Tod hörte, dachte ich an dich«, schrieb der Exverehrer, »und wie du so süß und schlockerig zu einer seiner schnelleren Nummern getanzt hast.«

Ich versuchte es mit positivem Denken. »Na, zumindest ist nicht Whitney Houston gestorben«, sagte ich zu jemandem am Telefon.

Im Leben ticken die Minuten nur so runter und enthalten sehr wenig Information, bis sie plötzlich viel zu viel davon enthalten.

»Mom, was machst du da?«, fragte meine fünfzehnjährige Tochter Nickie. »Du hockst in der Küche, als wärst du verrückt.«

»Ich hör mir bloß Musik an.«

»Aber so?«

»Ich wollte dich nicht stören.«

»Du störst mich total«, sagte sie.

Nickie hatte letztens verkündet, sie hätte am liebsten ihre eigene Realityshow, um der Welt zu zeigen, was sie alles aushalten musste.

Ich nahm die Ohrstöpsel heraus. »Was ziehst du morgen an?«

»Egal. Kommt doch nicht drauf an, oder?«

»Äh, nein. Eigentlich nicht.« Nickie stolzierte aus dem Zimmer. Natürlich kam es nicht drauf an, was junge Leute trugen: Sie sahen ja ohnehin phantastisch aus, ohne es richtig zu begreifen, was einen Teil ihrer Schönheit ausmachte. Ich war Nickies Begleitung zur Hochzeit von Maria, ihrer früheren Babysitterin, und Nickie war meine. Und ich war diejenige, die sich sorgfältig überlegen musste, was sie anzog.

Es war eine Hochzeit auf dem Lande, eine halbe Stunde entfernt, und wir kamen pünktlich an, aber irgendwie schienen wir trotzdem die Letzten zu sein. Gäste liefen halb ziellos herum. Maria, eine attraktive, rastlose Brasilianerin, heiratete einen Farmerjungen aus der Gegend, zum zweiten Mal – den zweiten Farmerjungen von einer zweiten Farm. Der Farmerjunge, den sie zuvor geheiratet hatte, Ian, war auch da. Er war für die Musik engagiert worden, und während die Gäste mit ihren Plastikbechern voll Wein vorbeiströmten, hockte Ian da und spielte eine langsame, melancholische Version von »I Want You Back«. Nur dass es gar nicht so aussah, als wollte er sie zurück. Er lächelte und nickte allen zu und schien gern an dieser Abschiedsparty teilzunehmen. Er war das Unterhaltungsprogramm. Er trug ein T-Shirt mit der Aufschrift »Danke, dass ich kommen durfte«. Das wirkte erstaunlich zuversichtlich und überdies nützlich, es lag auch eine gewisse Schönheit darin. Ich fragte mich, wie man so etwas hinkriegte. Mir war es nie geglückt, nicht mal annäherungsweise. »Die Ehe ist ein langes Gespräch«, schrieb Robert Louis Stevenson. Nur war er mit vierundvierzig gestorben und hatte keine Ahnung, wie lang so ein Gespräch tatsächlich werden konnte.

»Ich fasse es nicht, dass du das angezogen hast«, flüsterte Nickie in ihrem fliederfarbenen Strandkleid mit Lochstickerei.

»Ich weiß. War wahrscheinlich ein Fehler.« Ich trug ein hautenges Synthetikkleid mit Leopardenmuster: Tarnung hatte ich schon immer bewundert. Ich stellte mir vor, dass das Leopardenmuster entstanden war, weil es im Habitat von Leoparden früher von Schlangen wimmelte und die Leoparden deshalb dringend mit der Umgebung verschmelzen mussten. Leoparden hatten Angst vor Schlangen und auch vor Schimpansen, die ihrerseits Angst vor Leoparden hatten – ein Patt zwischen Raubtier und Beute, da Unklarheit herrschte, wer wer war: Im Dschungel meines Kleiderschranks war das auch ein Thema. Möglicherweise hatte ich zu viele Naturdokus gesehen.

»Vielleicht könntest du Ian eine Limonade bringen«, sagte ich zu Nickie. Ich hatte mir schon einen Wein von einem schwarzen Plastiktablett geschnappt.

»Ja, könnte ich vielleicht«, sagte sie und trabte quer über den Hof. Ich betrachtete ihren breiten gebräunten Rücken und ihren selbstbewussten Gang. Sie war eine göttliche Riesin. Eine solche Tochter zu haben erfüllte mich mit Ehrfurcht. Und mit Furcht – so wie man um sein Leben fürchtet.

»Gut, dass Maria und du Freunde geblieben seid«, sagte ich zu Ian. Ians Vater, der sich – typische, peinliche Schwiegervater-Nummer – in die scheidende Frau seines Sohnes verknallt hatte, kam nicht so gut damit klar. Er tappte mit feuchten Augen an der Grundstücksgrenze herum, eiskalten Gin in der Hand, und hielt nach Maria Ausschau. Sobald sie aus dem Haus käme, wollte er die Gelegenheit nutzen, wenn sie gerade von niemandem mit Beschlag belegt wurde, schnell herbeieilen und sie umarmen.

»Ja.« Ian lächelte. Ian seufzte. Und einen flüchtigen Augenblick lang fühlte sich alles vollkommen verkorkst an.

Doch dann kam alles wieder ins Lot. Auf Hochzeiten zu gehen hatte eine spirituelle Bedeutung: Es glich die Totenwachen und Beerdigungen aus. Wenn sich der Mensch schon auf diesem Planeten umherbewegte, dann doch nicht nur, um Verluste zu betrauern. Und ohne Hochzeiten gab es nur Beerdigungen. Ich hatte erlebt, wie aus einer Fußball-Mom ein Rhododendron mit einer Plakette wurde, neben dem Fußballparkplatz, als hätte der Besuch all der Fußballspiele sie umgebracht. Ich hatte erlebt, wie aus einem genialen Jungstudenten ein Schreibwettbewerb wurde, als hätte ihm all das Schreiben den Garaus gemacht, und ich hatte erlebt, wie aus einem Pflichtverteidiger ein Justizfonds wurde, als müsste man Fairness mit dem eigenen Leben bezahlen. Ich hatte erlebt, wie aus einem Dutzend Menschen Steinblöcke wurden, auf denen ihre Namen so schockierend perfekt eingemeißelt standen, als hätten sie selbst sich in Stein verwandelt und ein neues Leben geschenkt bekommen, so wie es dem Mond gegeben ist, durch ein paar Beleuchtungstricks und eine gesichtsähnliche Grafik. Ich hatte ungefähr hundert Karten in meinem Rolodex auf die leere Rückseite gedreht. Also konnte die Babysitterin von mir aus gern wieder zur Braut werden. Gern wieder und wieder heiraten. So viel drängende, quicklebendige Liebe versank rumorend im Untergrund und verreckte dort, ohne jemals Ausdruck zu finden, also konnte sich eine solche erratische unpassende Anziehungskraft von mir aus gern durchsetzen. Die Zeit war eh so kurz.

Jetzt stand eine aufgedonnerte, große Person in verschlammten Stöckeln auf dem Gras vor Ian und sang, von ihm begleitet, »Aguas de Março« auf Englisch in ein Mikrofon. Ich ließ die Gedanken durch den Text schweifen: Ein Stock. Ein Stein. Ein fetter Kuhfladen. Mom geht heulend baden.

»Hier sind Trillionen Brasilianer«, sagte Nickie, zwei Limonaden in der Hand.

»Was hast du denn erwartet?« Ich nahm ihr eine Limonade für Ian ab und legte ihr den Arm um die Taille.

»Ich weiß nicht. Ich bin bisher nur ihrer Schwester begegnet. Ein einziges Mal. Wenigstens bin ich jetzt nicht die Einzige, die Farbe trägt.«

Wir musterten den langgezogenen Hof vor dem Farmhaus. Marias Schwester und ihre Mutter standen bei den Rosenbüschen und ließen sich fotografieren, ohne die Braut.

»Maria und ihre Schwester sehen beide wie ihre Mutter aus.« Die Mutter hatte ich auch schon einmal getroffen und nickte ihr jetzt quer über den Hof zu. Schwer zu sagen, ob sie mich sehen konnte.

Nickie nickte mit einem schiefen Grinsen. »Ihr Vater ist bei einem Autounfall gestorben. Insofern stimmt's, wie er sehen sie nicht aus.«

Ich gab ihr einen Klaps auf den Arm. »Nickie. Schsch.«

Einen Moment lang war sie still. »Denkst du eigentlich manchmal an Pop?«

»Pop?«

»Ach komm.«

»Ach, du meinst Popeye?«

An dem Wochenende, als ihr Vater uns verließ – das Haus verließ, die Stadt, das Land, alles, mit so leichtem Gepäck, dass ich glaubte, er würde zurückkommen –, sagte er: »Du kannst Nickie allein erziehen. Das wirst du prima machen.«

Ich fragte: »Bist du auf Crack?« Und er antwortete, während er eine blaue Drillichjacke zusammenfaltete: »Ja, ein bisschen.«

»Meinen Pop. Reimt sich auf Flop«, sagte Nickie jetzt zu mir. Manchmal behauptete sie Freunden gegenüber, ihr Vater wäre gestorben, und wenn sie gefragt wurde, auf welche Weise, ließ sie ihren Blick entrückt in die Ferne schweifen und sagte: »Bei einer todernsten Partie Galgenmännchen.« Mütter und ihre Scheidungs-Einzelkinder sorgten für eine schiefe Familiendynamik, falls man das überhaupt eine Familie nennen konnte. Vielleicht handelte es sich eher um einen plumpen Kumpelfilm, und die Dialoge zwischen ihnen waren nicht als Eltern-Kind-Gespräche erkennbar. Sondern außerirdisch. Mit einem Hauch Hundesitter-treffen-sich-im-Park. Da kam mehr Geschwistergeplänkel ins Spiel, als gut war. Trotzdem zog ich das einem Dasein als einsame alte Jungfer vor, das ich früher für mein genetisch vorprogrammiertes Schicksal gehalten hatte. Ich hatte hart, vielleicht zu hart daran gearbeitet, ihm zu trotzen, es zu vermeiden, obwohl es vielleicht unausweichlich war. Man ist bei der Geburt allein, beim Sterben auch und *wirklich absolut* allein nach dem Tod – warum sollte man da zwischendurch »lernen, allein zu sein«? Falls man vergessen hat, wie es geht, wird es einem schon wieder einfallen. Da ist Alleinsein wie Fahrradfahren. Mit vorgehaltener Waffe. Die man selber hält. Alleinsein ist die Luft in den Reifen, der Wind im Haar. Nicht nötig, mit offenen Armen danach zu suchen. Mit offenen Armen fällt man vom Fahrrad: Ich trank meinen Wein zu schnell.

Maria trat in ihrem wunderschönen schulterfreien Hochzeitskleid, das so weiß war, weißer ging's nicht, aus dem Haus.

»Phantastisches Kostüm«, sagte Nickie neckisch.

Nickie war sowohl eine scharfe Beobachterin als auch eine begeisterte Teilnehmerin in Sachen Verkleiden, und als sie klein war, wurde oft »Hochzeit« gespielt, mit falschen Brautsträußen aus angefledderten Schwammbürsten mit Plastikgriffen, die in die Luft geworfen wurden und sich gelegentlich im Basketballkorb an der Garage verfingen. Halloween mochte sie auch. Sie machte »Süßes oder Saures« für die UNICEF im Kostüm eines Heckenschützen oder Selbstmordattentäters, inklusive Weste. Einmal, als sie acht war, ging sie als Dryade, als Baumnymphe, und wenn sie an den Haustüren gefragt wurde, was sie sei, antwortete sie immer: »Eine Baumhüpfe.« Bei »Süßes oder Saures« war sie hochmütig aufgetreten, auf der Hut vor erwachsenen Ratespielchen à la »Was bist du, ein Vampir?«, und wenn die Nachbarn verwirrt dreinschauten, runzelte sie die Stirn und sagte vorwurfsvoll: »Haben Sie sich *noch nie* mit griechischer Mythologie beschäftigt?« Nickie konnte einen einschüchtern. Manchmal war es ihr wichtiger gewesen, bei uns an die Tür zu gehen, wenn geklingelt wurde, als anderswo zu klingeln, und dann spähte sie mit einem Hexenhut und einem lauten Keckern um die Tür herum. »Ich glaube, es wird Zeit, sich wieder um die Kundschaft zu kümmern«, verkündete sie bei einem Halloween, als sie fünf war, griff nach meiner Hand und raste heimwärts. Sie war unerschrocken: In der Schulcafeteria hatte sie sich immer den Tisch für die Erdnussallergiker ausgesucht, weil da ein Junge saß, der ihr gefiel – die Mensavariante vom *Zauberberg*. Wenn ich versuchte, Nickies Kindheit heraufzubeschwören, verwandelte sie sich wie alle Träume in überzeichnete, flüchtige Vignetten, dann verblasste alles vollends. Jetzt sah Nickie mehr denn je nach einem Heckenschützen aus – hoch aufgeschossen, langgliedrig und undurchschaubar. Neben ihr fühlte ich mich wie gelähmt, und meine Liebe für sie richtete sich weniger an diese neue stachlige Nickie, eher an die alte stachlige Nickie, die noch irgendwo in ihr steckte, man musste allerdings auch fest daran glauben. Bestimmt war der Glaube dafür erfunden worden: um Teenager aufzuziehen, ohne sich den Tod dabei zu holen. Natürlich war auch der Tod in Bezug auf sie erfunden worden: um ihnen ganz und gar zu entkommen. Immer wenn Nickie sich im Lauf der letzten Monate überall im Haus »behauptet« hatte, indem sie mich kreischend beschimpfte, hatte ich mir stumm das Unterhemd über den Kopf gezogen, um sie nicht mehr zu sehen, und das hatte schon gereicht, um sie voller Ekel aus dem Zimmer zu jagen. Nacktheit war das Einzige, das für Stille sorgen konnte – besser als nichts.

»Ich fasse es nicht, dass Maria in Weiß heiratet«, sagte Nickie.

Ich zuckte die Achseln. »Welche Farbe sollte sie denn sonst tragen?«

»Grau!«, schoss Nickie zurück. »Um zu bestätigen, dass sie ein Hirn hat! Kleine graue Zellen!«

»Da hab ich neulich eine Sendung auf PBS gesehen, wo gesagt wurde, dass nur die äußere Hirnrinde – die tatsächlich auch aussieht wie Rinde – grau ist. Anscheinend ist die andere Hälfte des Gehirns eher eine weiße Masse. Die für die Verschaltungen.«

Nickie schnaubte, wie so oft, wenn ich die Buchstaben PBS aussprach. »Dann sollte sie Grau tragen, um zu bestätigen, dass sie ein halbes Hirn hat.«

Ich nickte. »Versteh schon.«

Andere Gäste aßen Kanapees von Papptellern und ließen sich mit der Braut fotografieren. Weniger mit Marias neuem

Bräutigam, einem Jungen namens Hank, was nicht etwa für Henry stand, sondern für Johannes, und er trug, anders als alle anderen, keine Sonnenbrille, sondern blinzelte ständig stolz und ungläubig Richtung Maria. Hank war auch Musiker, allerdings reparierte er meistens Banjos und Gitarren, zog neue Saiten auf und lackierte sie, so hatten Maria, Ian und er sich überhaupt kennengelernt.

Jetzt hing der Geruch nach altem Silberschmuck in der Luft, der Regen verheißt. Ich rückte näher an Ian heran, der nach dem nächsten Lied blätterte und dabei vor sich hin schrammelte, im Versuch, möglichst nicht zu sehen, wie sein Vater Maria mit den Augen verschlang.

»Na, was haste? ›I'll Be There‹?«, fragte ich fröhlich. Ian hatte ich immer gemocht. Dass er Maria erwählt hatte, war wie aus einem Film, er hatte sie bei einem Auslandssemester kennengelernt, und sie kamen schon als Ehepaar zurück, worüber sein Vater nur staunen konnte. Ian liebte Maria und hielt immer treu zu ihr, egal in welche Geschichten sie sich verstrickte, aber Maria war ein narrativer Mensch, die Geschichte musste interessant sein, sonst verlor sie das Interesse an der Hauptfigur, die manchmal sie selbst war und manchmal auch nicht. Ihr war vorherbestimmt, zu heiraten, zu heiraten und nochmals zu heiraten. Ian lächelte und fing an, »I Will Always Love You« zu singen, er hörte sich eigenartig nach Bob Dylan an, aber ohne den höhnischen Unterton. Ich tanzte mit.

Hüftschwungwelle. An Ort und Stelle. Aus dem Weg, für alle Fälle.

»Du bist ein Heiliger«, sagte ich nach dem Stück. So ein süßer Junge. Als Nickie klein war, hatte er oft mit ihr und Maria im Garten Fußball gespielt.

»Ach nein, ich bin bloß ein abgesetzter Maiskönig. Sie hat die Farm gekauft. Also, ich hab sie ihr verkauft, und dann hat sie sie vertickt und dafür die hier gekauft.« Er zeigte auf das endlose Feld jenseits des Zelts, wo der Mais winzig klein im Schlamm stand, weil der Juni nicht heiß genug gewesen war, um die Pfützen verdunsten zu lassen. Dieses Jahr würden weder Tomaten noch Marihuana besonders gut gedeihen. »Letzte Nacht habe ich geträumt, ich stünde in *West Side Story* auf der Bühne und wüsste den Text von ›I like to be in America‹ nicht mehr. Man muss kein Genie sein, um das zu entschlüsseln.«

»Nein«, sagte ich. »Wohl nicht.«

»Himmel, was macht mein Vater denn da?«, sagte Ian und sah schnell weg, auf den Boden.

Ians Vater lungerte immer noch leicht beschwipst an der Grundstücksgrenze herum und ließ den Blick nicht von der Braut.

»Die ältere Generation«, sagte ich kopfschüttelnd, als gehörte ich nicht dazu. »Unfähig, mit Veränderungen klarzukommen. Es ist schon so vieles verlorengegangen, das läppert sich. Mehr können sie nicht ertragen.«

»Puhhh«, sagte Ian, hob den Kopf und blickte wieder rüber. »Ich wünschte, mein Vater käme endlich über sie hinweg.«

Ich trank ein paar Schluck Wein, immer noch mit Ians Limonade in der Hand. Beim Apfelbaum drüben waren drei

Eichhörnchen. Ein flotter Dreier aus Eichhörnchen, das sah irgendwie verhängnisvoll aus, als drohte gleich eine Plage. »Was haste noch für Songs drauf?«, fragte ich ihn. Nickie war im Gespräch mit Johannes Hank.

»Ein paar muss ich mir für die Zeremonie aufheben.«

»Ach, es gibt eine richtige Zeremonie?«

»So was Ähnliches. Vielleicht nicht *richtig* richtig. Sie wollen sich gegenseitig etwas geloben.«

»Ach so, das«, sagte ich.

»Sie werden zusammen von so einem Baldachinzelt zum Haus gehen, da irgendwas sagen, und dann dürfen die Leute was essen.« Alle hatten Essen mitgebracht, es war auf einer langen Tafel zwischen dem Haus und der Scheune aufgebaut. Ich hatte zwei große Brathähnchen mitgebracht, doch als ich sie garen wollte, hatte ich versehentlich das Selbstreinigungsprogramm des Backofens eingestellt, während ich auf meinem iPod Michael Jackson hörte. Aber ich fand, die Hähnchen sahen trotzdem ganz anständig aus: Das Fleisch hing ein bisschen von den Knochen, aber ansonsten alles okay, wenn auch nicht ganz so okay wie vorher, da waren sie Amish-Produkte gewesen und luftgekühlt und schweineteuer. Als ich sie am Vortag im Bioladen gekauft und beim Blick auf meinen Kassenzettel den Mund nicht wieder zugekriegt hatte, war dem Kassierer nur eingefallen: »Ja. Manche Leute wissen eben, wie man hier einkauft, und manche nicht.«

»33,33. Vielleicht bringt das ja Glück.«

»Jep. Ungefähr so viel Glück, wie zwei tote Vögel noch erleben können«, hatte der Kassierer gesagt.

»Kommt auch ein Priester oder so was? Wird das eine offizielle Hochzeit?«, fragte ich Ian jetzt.

Ian lächelte und zuckte die Achseln.

»Sie werden sagen ›Du willst‹, nachdem der andere gesagt hat ›Ich will‹. Doppelt gemoppelt hält besser.«

Ich stellte seine Limonade auf einen Tisch und klopfte ihm leicht auf die Schulter. Wir blickten beide über den Hof zu Hank, der eine selbst gebastelte Krawatte aus kleinen gelben Steckperlen in Gestalt eines Maiskolbens trug. Das war zugleich genial und kitschig, wie so vieles andere von Menschenhand Gemachte.

»Da kommt aber viel Wollen drin vor.«

»Ich weiß. Aber Pointen hab ich nicht zu bieten.«

»Pointen?«

»Witzeleien. ›Wenn die sich bloß mal nicht in die Wolle kriegen.‹ Oder: ›Die ist woll der Hammer!‹ Die spar ich mir lieber.«

»Warum solltest du auch Witze reißen? Du bist ja nicht der Trauzeuge.« Ian sah zu Boden und verzog den Mund ein wenig.

»Oje. Bist du doch?«, sagte ich und kniff die Augen zusammen. Als junge Frau hatte ich geübt, wie das umgekehrte Zwinkern eines Vogels ging.

»Frag besser nicht«, sagte er.

»Hey, pass auf.« Ich legte meinen Arm um ihn. »George Harrison hat's auch getan. Und keiner hat was dazu gesagt. Oder höchstens ein, zwei Sätze.«

Nickie eilte über das Gras auf mich zu. »Mom. Deine Hähnchen sehen ekelhaft aus. Als wären sie unter einen Laster gekommen.«

Das Hochzeitsdefilee setzte sich langsam in Bewegung – außer Ian, der spielen musste. Sie wollten die Zeremonie schnell hinter sich bringen, bevor die Gewitterwolken von Westen heranzogen und womöglich alles verdarben. Die Brautjungfern machten sich als Erste auf den kurzen Weg von dem Baldachinzelt zu den Rosenbüschen, wo »Ich will« gesagt werden würde. Ian spielte »Hier kommt die Braut«. Die Brautjungfern trugen Pastellfarben; eine das blasse Pfirsichrosa von Baby-Aspirin; eine das Brandungsgrün von niedrig dosiertem Rivotril; die dritte das bleiche Narzissengelb der nächstniedrigen Dosis Rivotril. Super Idee, bei der eigenen Hochzeit alles auf den Look von Angsthemmern abzustimmen. Aber schließlich heiratete sie ja auch zum zweiten Mal einen Pharmajungen. Warum war ich nicht selbst auf diese Idee gekommen? Warum war ich erst jetzt darauf gekommen?

»Ich nehme dich, liebe Maria …« Sie sprachen diese Gelöbnisse selbst, genau wie Ian es angekündigt hatte. Hank sagte »Ich will«, und Maria sagte »Du willst«. Und dann umgekehrt. Immerhin hatte Maria ihre Sonnenbrille abgesetzt. *Ach, die jungen Leute*, versuchte ich nicht mit einem Seufzer laut zu sagen. Die Zeit verstrich langsam, dann stand sie still, dann war sie nicht mehr nachweisbar, wer wusste schon, wie lang das alles tatsächlich dauerte.

Ein lautes Geräusch, wie mechanischer Donner, kam vom Highway hoch. Seltsamerweise war es kein Gewitter. Eine Gruppe Motorradfahrer brauste die Straße entlang, und anstatt an uns vorbeizuröhren, bremsten sie ab und bogen rechts in die Einfahrt, ein volles Dutzend, alle auf Harleys. Ich kannte mich mit Motorrädern eigentlich nicht aus, aber ich wusste, dass jeder Biker zwischen Platteville und Manitowoc eine Harley besaß. Das gehörte zu den regionalen Gegebenheiten. Sie schalteten ihre Motoren aus. Keiner der Biker trug einen Helm – sie hatten Bandanas um den Kopf geschlungen –, außer dem Anführer mit seinem Footballhelm, der mit zwei von irgendeinem Kinderstofftier abgeschnittenen und beiderseits angeklebten Plüschwelpenohren geschmückt war. Er zog eine Pistole und schoss drei Mal in die Luft.

Mehrere Gäste schrien auf. Ich brachte keinen Laut heraus.

Der Biker mit der Waffe fing an zu brüllen. »Ich habe einen Waffenschein, das waren eben drei Platzpatronen, und dies ist ein Akt der Selbstverteidigung, weil unsere Gruppe hier hat ein Nutzungsrecht, das genau bis in diese Auffahrt reicht. Und sonst? Sind wir als Kinder und als Erwachsene übel behandelt worden, und dann haben wir eine Riesenmenge Donuts gegessen. Und sonst? Sind wir eigentlich total friedliche Leute. Wir wissen bloß, dass das ruhig dahinfließende Leben einen ganz schön überraschen kann, wenn man mal auf einen anderen Kanal umschaltet. Dass da ebenso eine Fernseh- wie eine Wassermetapher drinsteckt. Weswegen man dem Leben Platz machen muss, wenn es rüde an einem vorbeirauscht. Das sehen wir ein. Eine solche Gelegenheit bedeutet: Das ist die letzte Weichenstellung. Alle Fehler liegen hinter einem, und das heißt, man kann eigentlich gar keine mehr machen. Keine großen. Alles schon erledigt. Ich muss hier erst mal mit der Braut reden.« Er sah sich um, aber keiner rührte sich. Er räusperte sich ein bisschen. »Welchen Irrtum ihr auch immer begangen habt, er möge jetzt vortreten und sich vorstellen und dann mit all den anderen zu einem hübschen kleinen Skulpturengarten erstarren, der keinem mehr was tun kann. Wie ein Friedhof. Und wie bei einem Friedhof haben wir es mit der Art von Freiheit zu tun, die das Gegenteil von frei ist.« Er warf einen fragenden Blick auf Maria, die ganz hinten stand. »Es geht um die unstete Quantenzone von Kanone oder ohne, von wichtig oder nichtig.« Er rutschte unbehaglich herum, als hätte ihm der Satz mit der unsteten Quantenzone alles abverlangt. »Wie gesagt, jetzt muss ich mit der Braut reden. Das wären dann wohl Sie?«

Maria brüllte ihn auf Portugiesisch an. Ihre Brautjungfern stimmten ein.

»Was sagen die?«, wisperte ich Nickie zu.

»Ich hab mein ganzes Portugiesisch vergessen«, sagte sie. »Ich erinnere mich nur, dass Maria während meiner ganzen Kindheit zu allem immer nur ›gut gemacht‹ gesagt hat, deshalb halte ich das jetzt für Portugiesisch.«

»Ja«, wisperte ich. »So geht's mir auch.«

»Gut gemacht!«, schrie Nickie dem Biker angriffslustig entgegen. »Wenn du ein Arschloch sein und eine Hochzeit unterbrechen wolltest, hast du das gut gemacht!«

»Nickie, überlass das den Erwachsenen«, wisperte ich.

Aber die Gäste standen nur gelähmt da, bis auf Ian, der langsam aufstand, scheinbar weit, weit weg am Horizont, und seine Gitarre auf den Boden legte. Dann nahm er seinen weißen Klappstuhl in beide Hände und hob ihn über den Kopf.

»Sind Sie Caitlin?« Der Biker mit den Welpenohren redete weiter Maria an, die ihn weiter beschimpfte und mit ihren

Minze- und Spiräenzweigen in seine Richtung wedelte. »*Vá embora, babaca!*« Sie zeigte ihm den Finger, und als Hank versuchte, sie zu beruhigen, zeigte sie auch Hank den Finger. »*Foda-se!*«

Der Motorradfahrer sah sich mit einer Miene um, an der abzulesen war, dass ihm allmählich schwante, er hatte die falsche Landhochzeit erwischt. Er holte sein Handy hervor, setzte seinen Helm ab, drückte eine Schnellwahltaste und wandte sich dann ab, um in das Telefon zu sprechen. »Yo! Joe, ich glaube, du hast mir nicht die richtige Adresse gegeben ... yeah ... nein, du schnallst es nicht. Das ist hier nicht Caitlins Adresse ... Was? Nein, hör zu! Ich meine: Falsche ADRESSE! Das is nich hier. Die sprechen hier alle Ausländisch –« Er klappte lautstark sein Telefon zusammen. Setzte seinen Helm wieder auf. Aber Ian trottete langsam auf ihn zu, den Stuhl über seinen Kopf erhoben, und stieß das Kreischen aus, das einer ausstoßen würde, der auf der Hochzeit seiner Exfrau den Helden geben will.

»Sorry, Leute«, sagte der Biker. Er warf dem ankommenden Ian nur einen schnellen, unbeeindruckten zweiten Blick zu, schnippte mit einem seiner Welpenohren in seine Richtung und beeilte sich, sein Motorrad wieder zwischen die Beine zu bekommen. »Falsche Adresse, Jungs!« Dann ließ seine ganze Gang, zu high, um wirklich bedrohlich zu sein, ihre Maschinen an und brauste in einer Staubwolke röhrend von dannen. Was für eine Erleichterung, sie wegfahren zu sehen. Ian rannte ihnen noch ein Stück nach, brüllend, den Stuhl über dem Kopf, auch wenn die Motorräder schnell außer Sicht waren.

»Sollen wir hinter Ian her?«, fragte Nickie. Irgendjemand in unserer Nähe rief die Polizei.

»Soll er sich ruhig abreagieren«, sagte ich.

»Stimmt«, sagte sie und lief schnurstracks zu Maria. »Gut gemacht!«, hörte ich sie sagen. »Gut gemacht, das mit dem Heiraten!« Und dann schlang Nickie die Arme um ihre frühere Babysitterin und fing an, zusammengesackt an ihrer Schulter zu schluchzen. Ich konnte das nicht mit ansehen. Quer über mein Herz zog sich ein großes schwarzes Zickzack. Ich hörte Maria sagen: »Vielen Dank, dass ihr gekomen said, Nickie. Du und dein Muter said meine Hellen.«

Ian war nicht wiedergekommen, und keiner war ihn suchen gegangen. Er würde zurückkehren, sobald der Regen einsetzte. Ein angeheuerter DJ legte Musik auf, die aus den Lautsprechern blökte. Schon wieder Michael Jackson. Jeden Tag gab es etwas Neues zu betrauern und etwas Altes zu feiern: Das hatte die Zivilisation vor langem gelernt und rief es uns immer wieder in Erinnerung. Hatte der Biker das gemeint? Ich ging auf das Büfett zu.

»Wissen Sie, wenn man Hunger hat, gibt es nichts Besseres als Essen«, sagte ich zu einem völlkommen Fremden. Ich schnitt mir einen kleinen Happen Schinken ab. Ich legte mir ein gefülltes Ei in den Mund und widerstand der Versuchung, es vor meine Zähne zu schieben und ein schauriges Grinsen aufzusetzen, wie früher als Kind. Ich kaute und schluckte und nahm mir noch eins. Bald würde ich bestimmt aussehen wie eine große vertikale Schlange, die eine Ratte verschlungen hatte. Diese Ratte namens Ben. Schlangen würden ein Lendensteak nur essen, wenn es mit dem Kopf eines kleinen Nagetiers getarnt wäre. In dieser Beobachtung steckte irgendeine Lehre, und sie würde sich offenbaren, sobald ich noch ein bisschen mehr Wein intus hatte.

»Ach, schau mal, diese traurigen Hähnchen!«, sagte ich mehrdeutig und mit vollem Mund. Man munkelte, am Zuckerguss der Hochzeitstorte werde noch gearbeitet, und das könne dauern. Ein paar Leute fingen an zu tanzen, ehe die dunklen Wolken aufbrechen und alles ruinieren würden. Neben dem Tisch mit dem Essen stand ein kleinerer mit einer Auswahl Insektenmittel, Sprays und Lotionen, wie der Schminktisch einer edlen Damentoilette, nur draußen und umgeben von zarten Ornamenten aus Kriebelmücken. Gäste besprühten sich, etwas zu nah am Essen, und die Luft roch nach Zitronella und drohendem Regen.

Der Biker hatte Recht: Um dem Leben Platz zu machen, musste man die Füße aus der Erstarrung lösen, ein paar blinde Schritte rückwärts wagen, das Risiko eingehen, aus dem Gleichgewicht zu geraten und endlos abzustürzen. Hatte er das gesagt? Wer weiß. Die Leute schüttelten ihre Körper zu Michael Jacksons »Shake Your Body«. Dieses Lied sollte auf meiner Beerdigung gespielt werden. Und »Taking It To The Streets« von den Doobie Brothers. Und »Have Yourself A Merry Little Christmas« – nur um die Leute zu ärgern.

Ich stellte meinen Pappteller und meinen Plastikbecher ab. Ich warf einen Blick auf Ians Dad, der schon wieder ganz allein herumschmollte. »Kommen Sie, tanzen Sie mit jemandem in Ihrem Alter!«, rief ich ihm zu, und weil er nicht sagte, »Das können Sie so was von vergessen«, ging ich quer über den Rasen auf ihn zu. Dabei fiel mir auf, dass er seit der Zeit, als er manchmal zu uns kam, um Maria abzuholen und sie höchstselbst im silbernen Sportwagen der Frischversingleten nach Hause zu fahren, einiges um die Augen hatte machen lassen: ein Lifting gegen Sack und Duns. Er wollte lieber wie jeck aussehen als wie sechsundfünfzig. Ich packte ihn bei den Händen und wirbelte ihn herum. »Holla«, sagte er mit einer Art Lächeln und ließ eine Hand los, die er über den Kopf erhob und in einem aufgejazzten scherzhaften Showfuchteln flattern ließ. Ich brauchte meine Puste zum Tanzen und versuchte nicht zu lachen. Stattdessen fixierte ich das Grinsen auf meinen Zügen, und siehe da, die Sonne kam einen Augenblick heraus und brachte die Seitenwand der wirbelnden roten Scheune zum Leuchten.

aus dem Englischen von Frank Heibert

Karen Köhler

POLARKREIS

Ein Zettel auf dem Küchentisch

Geschrieben am 20. Juni

Bin »Zigaretten holen«.
Polar

Erste Postkarte

Abgestempelt am 20. Juni in München, Deutschland

Mach Dir keine Sorgen, es geht mir gut.
30 Grad im Schatten und ein kaltes Bier
vor der Nase. Pflanzerlsemmeln sind nicht
vegetarisch. Bleib, wo Du bist.

Versuche etwas herauszufinden.
Polar
PS: Mein Telefon bleibt erstmal aus.

Die Karte zeigt den Marienplatz, bevölkert mit in Trachten
gekleideten Männern. Es wehen bayerische Fahnen.

Zweite Postkarte

Abgestempelt am 23. Juni in Rom, Italien

Bleib bloß weg, Rom erstickt unter Touristen. Es ist furchtbar:
Amerikaner sind laut. Asiaten gibt's nur in Schwärmen.
Deutsche nur mit Sandalen und in knitterfreiem Beige.
Deswegen sind die Römer wohl auch unhöflich und das Essen
so teuer: Damit sie ihr schönes Rom ganz für sich alleine
haben. Ich zerre aus meiner Vokabelkiste italienische Sätze
hervor, die ganz staubig sind, aber gut auf der Zunge liegen.
Mein Hotel hat nur zwei Sterne. Die Hitze zwingt mich
tagsüber unter den Ventilator und nachts in die Schlaflosigkeit.
Möchte etwas Schelmisches mit dem Papst anstellen,
nur fällt mir nichts ein.

Polar

Die Karte zeigt ein Portrait von Papst Benedikt XVI.
Er segnet.

Dritte Postkarte

Abgestempelt am 23. Juni in Rom, Italien

Der Vatikan wird überbewertet. Auch die Sixtinische Kapelle.
Da hatte ich schon größere Erleuchtungen. Im Thüringer
Wald zum Beispiel, unter Buchen, die ihr Laub ganz leise
fallen ließen. Und trotzdem geschieht hier etwas Unfassbares:
Mich springt von überall Geschichte an, so dass ich mir
ganz klein vorkomme mit meinem popeligen Menschenleben.
Im Angesicht der Gladiatorenkämpfe schrumpfen meine
Probleme zu einem lächerlichen Etwas zusammen. Das ist
doch schon mal was. Halte durch.

Es kämpft für Dich
Polar

Die Karte zeigt das Kolosseum. Der Himmel ist wolkenlos.

Vierte Postkarte

Abgestempelt am 25. Juni in Neapel, Italien

Dass ich in Neapel gelandet bin, ist Zufall: Habe einfach den nächstbesten Zug genommen, der vom Roma Termini fuhr. Während der Zugfahrt hierher hatte ich, mein Spiegelbild in der Fensterscheibe betrachtend, ein Gefühl der Entfremdung. Mir war, als habe jemand anderes alle Entscheidungen getroffen. Haarschnitt. Kleidung. Ausbildung. Arbeit. Liebe ... Konnte nicht aufhören zu denken: Wer ist diese Person? Und was willst Du von ihr?

Cumme, cazzo, coce?
Polar

Die Postkarte zeigt die Bucht von Neapel mit dem Vesuv im Hintergrund.

Fünfte Postkarte

Abgestempelt am 26. Juni in Neapel, Italien

Trinke gerade den besten Espresso meines Lebens in einer
kleinen Bude am Hafen von Neapel. Nach der dritten Tasse
tanzt mein Blut. Habe eine Münze geworfen, um rauszu-
bekommen, wie es weitergehen soll. Vorderseite. Also warte
ich jetzt auf eine Fähre, die mich nach Ischia bringen wird.
Vielleicht finde ich auf der Insel etwas Ruhe. Kannst Du
sagen, warum Du mich liebst? Mir fallen entweder keine
oder völlig bescheuerte Antworten ein.

Cha cha cha,
Polar

Die Postkarte zeigt eine alte Italienerin mit einem Esel
vor einem Steinhaus. Der Esel schaut nicht in die Kamera.
Die Italienerin auch nicht.

Erster Brief

Abgestempelt am 28. Juni auf Ischia, Provinz Neapel, Italien, geschrieben auf der Rückseite des Restauranttischunterlagenpapiers »Da Giovanni«

Es ist Neumond, und ich sitze auf der Terrasse mit eiskaltem Weißwein. Habe hier für ein paar Tage ein Zimmer gemietet. Das Wetter ist herrlich. Das Meer tiefblau. Und, um die Standardauskünfte zu vervollständigen: Das Essen ist hervorragend. Alles fällt von mir ab, wie Laub von einem Baum im Herbst oder der Schwanz von einer Eidechse. An Giovannis Strandbude habe ich Bruschette gegessen, die so unglaublich gut waren, dass ich wahrscheinlich von jetzt an alles daran messen werde. Einfaches kann so gut sein. Hört sich an wie ein Kalenderspruch und vielleicht ist es auch nicht nur kulinarisch gemeint. Hier sind die Zitronen groß wie Bauarbeiterfäuste.

Riech mal,
Polar

PS: Ich weiß, ich schulde Dir alles. Eine Erklärung. Eine Antwort. Ein Leben vielleicht.

Dem Brief beigefügt: ein Blatt von einem Zitronenbaum, ein Rosmarinzweig, einige Salbeiblätter.

Sechste Postkarte

Verschmierter, unleserlicher Stempel,
wahrscheinlich am 30. Juni, Ischia, Provinz Neapel, Italien

Erfüllung eines Traumes: Habe Vespa fahren gelernt.
Erstmal immer um die Piazza rum, dabei drei Fastunfälle
gebaut. Unter wildem Gehupe und lautem Geschimpfe:
Porca Puttana, testo d'cazz', stupida, puttana eva, usw.
wurden mir die ersten Runden verziehen. Das Gefühl des
Fahrtwindes hat mir so gut gefallen: Jetzt gehört das
olle Teil mir. Habe meinen Koffer gegen einen Rucksack
umgetauscht. Was nicht reinpasste, habe ich nicht
mitgenommen. Weiter geht's mit Wind um die Beine.
Ich rieche nach Schutzfaktor 30 und Salz.

Winkewinke,
Polar

Die Karte zeigt eine Vespa aus den 60er-Jahren.

Siebte Postkarte

Abgestempelt am 2. Juli in Lacco Ameno, Ischia,
Provinz Neapel, Italien

*Mit der Vespa auf der Küstenstraße um die Insel. Fühle mich
wie Neil Armstrong. Ein kleiner Schritt für eine Touristin, aber
ein großer Schritt für Polar. Ich wollte nie wieder anhalten,
aber dann ging mir fast der Treibstoff aus, also fuhr ich an der
nächsten Tankstelle vor. Ließ meinen Astronautenhelm auf
und sah mich um: Im schmalen Schatten des Gebäudes
hingen zwei dicke Italiener mit Sonnenbrille und verschmierten
Haaren / T-Shirts / Hosen in ihren Plastikstühlen.
In der Sonne standen drei Zapfsäulen. Nichts bewegte sich
außer mir.
An der ersten stand nichts, an den anderen Zapfsäulen waren
handbeschriebene Pappschilder angebracht: 95 und 98.
In meinem Kopf kreiste das Wort »Oktan« und die Frage, was
ich in mein Raumschiff füllen soll. Ene mene meck:
Ich entschied mich für die Mitte und machte ein arrogantes
Gesicht in Richtung der Plastikstühle. Cazzi.*

»Make it so.«
P.

Die Karte ist sehr verblichen und zeigt den Monte Epomeo
auf Ischia.

Achte Postkarte
Abgestempelt in Ischia, Provinz Neapel, Italien,
unleserliches Datum

Das Meer, die olle Diva, hat schon wieder ihr türkises Kleid
angezogen. An den Felsen von Zaro schlägt sie sich die
Schienbeine an (ich mir auch), und ihre Dauerwelle schmeckt
salzig. Ich habe mit ihr gerungen, ihr Tritte verpasst und sie
hat mich ausgespuckt. Erschöpft legte ich mich mit meinem
Handtuch in eine warme Steinmulde. Eine Mutter fischte mit
ihrem dicken Sohn Seeigel und Muscheln aus der Tiefe. Mit
einem Messer brachen sie die Stachelwesen auf und reichten
auch mir eine Schale mit Orangenem im Innern. Ich wagte
nicht abzulehnen. Es schmeckte enttäuschend. Auf dem
Rückweg, in einem kleinen Wäldchen, tummelte sich über
einem Tümpel eine schwarze Wolke: Trillionen Mücken.
Ich hielt an und ließ mich stechen ...

Ich brauche noch.
Polar

Die Karte zeigt Ischia bei Sonnenuntergang.

Zweiter Brief

Abgestempelt am 3. Juli in Ischia, Provinz Neapel, Italien

Mein Herz,

ich fuhr gewundene Straßen an der Küste entlang, die sich
immer weiter in die Höhe schraubten, dem Monte Epomeo
entgegen. Am Straßenrand sah ich, auch in den letzten Tagen
schon und überall auf der Insel, Plakate mit Todes-, Geburts-
und Hochzeitsanzeigen, oftmals auch mit einem Foto des
Verstorbenen oder des Babys oder zwei Ringen als Symbol …
Ich dachte an uns und wurde auf einmal sehr traurig.
Mache ich hier gerade alles kaputt?
Habe bei einer kleinen Kirche in einer Ortschaft angehalten,
und als ich die schwere Holztür öffnete, war gerade Gottes-
dienst, alle Köpfe gingen in meine Richtung. Ich erschrak
und stellte erstaunt fest, dass heute Sonntag ist und dass ich
das Gefühl für Zeit verloren hatte, ich rätselte, wie lange
ich nun schon weg war, trat ein, blieb beim Weihwasser-
becken stehen, tauchte meine rechte Hand hinein und machte
irgendeine verschwommene Bewegung, von der ich glaubte,
es sei ein Bekreuzigen. Die Köpfe gingen wieder in die andere
Richtung.
Das Schiff war sehr einfach, vorm Altar eine Madonnen-
statue, und Jesus hing gekreuzigt im Hintergrund herum.
Die wenigen Bänke waren alle belegt. Ein Pfarrer, der seine
Predigt runternudelte, trug ein grünes Katholikenkostüm.
Im Weihwasserbecken waren Würmer. Ohne Scheiß. Der
Gesang der Gemeinde leierte zum Losprusten komisch, und

dennoch war ich seltsam berührt. Von der Gemeinschaft, den vielen jungen Menschen unter den Besuchern. Den Kindern, die einfach so herumliefen. Dem Dorf, das hier zusammenkam. Am Altar war mit Tesafilm ein Madonnabild angebracht. Der Pfarrer ging, so schien es, nach Belieben mal eben in einen Nebenraum, um irgendwelche Gegenstände zu holen, die bei der kleinen Gottesdienstaufführung eine Rolle spielten. Dann das Vaterunser auf Italienisch. Pace und Amen. Und hinterher wurde geküsst, umarmt – auch ich. Pace. Bevor ich ging, schaute ich noch mal zu den Würmern im Weihwasser und roch an den Fingern meiner rechten Hand. Hätte das gerne zusammen mit Dir erlebt.

Dein.
P.

Neunte Postkarte

Abgestempelt am 3. Juli in Ischia, Provinz Neapel, Italien

*Habe heute das Castello Aragonese besucht. Das ist eine
Festung, die auf einer Miniinsel vor der Stadt Ischia Porto
liegt. Das Allerbeeindruckendste: die Nonnengruft. Hier
wurden verstorbene Nonnen aufrecht in spezielle Steinsessel
gesetzt, während die lebende Nonnengemeinde täglich im
selben Raum neben den verwesenden Körpern über den Tod
meditierte. Bei mir ist es genau andersrum. Ich meditiere
täglich umgeben von Lebenden über das Leben.
Habe am Nachmittag mein Telefon angemacht und habe
neben Deinen Nachrichten meine fristlose Kündigung
abgehört.*

Ich vermisse Dich auch.
Polar

Die Postkarte zeigt die unterirdische Nonnengruft des
Convento delle Clarisse auf dem *Castello Aragonese*.

Zehnte Postkarte

Abgestempelt am 5. Juli in Neapel, Italien

Aus der Ferne lockte seit Tagen der Vesuv. Habe am Morgen die Fähre zurück ans Festland genommen und ihn bestiegen. Na ja, »bestiegen«: Konnte mit der Vespa fast bis nach ganz oben. Dann stand ich am Kraterrand und hatte plötzlich eine Ahnung von der Fragilität der Dinge. Gleichzeitig fühlte ich eine immense Kraft in mir aufsteigen. Irgendetwas an diesem Vulkan war weiblich und männlich zugleich und bildete eine Einheit. Nicht lachen: Es zwang mich auf den mit Flechten überzogenen Lavaboden. Da lag ich und heulte. Morgen sehe ich mir Pompeji an.

Deine Suse,
Polar

Die Postkarte zeigt einen Blick in den Krater des Vesuvs.

Elfte Postkarte

Abgestempelt am 6. Juli in Pompeji, Italien

Bevor Du stirbst, musst Du das hier gesehen haben, ich komm
auch noch mal mit. Kann das nicht in Worte fassen: Eine
komplette Stadt, die zugleich ausgelöscht und eingefroren
wurde. Ihre toten Bewohner liegen in ihren Betten und sind
noch immer überrascht. Da liegt auch noch ihr Brot in der
Bäckerei. Diese körperliche Manifestation des Lebens im
Tode machte mich kurz zum Gaffer, weil das nicht Kunst ist,
sondern Alltag. Und ich dachte, wenn ich da hätte liegen
müssen, ich wünschte, es wäre neben Dir gewesen. Uns
dürften meinetwegen auch zweitausend Jahre später Leute
beim Schlafen zusehen. Wir sollten nicht mehr streiten.
Unfassbar: Wie viele Menschenleben nötig waren, um mich
hervorzubringen. Hoffentlich ist keiner von den Toten
enttäuscht. Mir reichen schon die Lebenden.

Aus dem Fortuna-Tempel,
Polar

Die Karte zeigt den Fortuna-Tempel im antiken Pompeji.
Im Hintergrund der Vesuv.

Zwölfte Postkarte

Abgestempelt am 7. Juli in Salerno, Provinz Salerno, Italien

*Fahre weiter die Küste runter. Die Kurven sind teilweise so
eng, dass man fast zum Stehen kommt. Ich finde mich mutig,
werde aber trotzdem ständig überholt, weil die Italiener sieben
Leben haben. Eine kleine Katze hatte ihre Leben alle aufgebraucht,
gespenstisch platt lag ihr Körper da auf dem Asphalt und ich sah
ihren aufgeplatzten Kopf an meinem Knöchel vorbeiziehen.*

Ganz still,
Polar

Die Karte zeigt Amalfi bei Nacht.

Dreizehnte Postkarte

Abgestempelt am 9. Juli in Scalea, Provinz Cosenza, Italien

Man hat mir meinen Rucksack geklaut.
Und irgendwie ist's nicht mal schlimm.
Sorge Dich nicht.

Erleichtert,
Polar

Vierzehnte Postkarte

Abgestempelt am 10. Juli in Milazzo, Sicilia, Italien

*Bin für heute im Casa Maria untergekommen, bei einer dicken
italienischen Mamma, die hervorragend kocht und mich unter
drei Gängen nicht vom Tisch lässt. Als sie wissen wollte,
warum ich alleine reise, sah sie sofort, dass sie einen Fehler
gemacht hatte. Da hat sie mir Grappa gebracht und den
Nachtisch.*

In Liebe,
P.

PS: Ich trage jetzt einen Fedora.

Die Karte zeigt einen dösenden alten Mann mit Fedora-Hut
im Schatten eines Olivenbaumes.

Fünfzehnte Postkarte

Abgestempelt am 12. Juli in der Provinz Messina, Italien

Habe die Vespa verkauft, die konnte ich sowieso nicht
nach Stromboli mitnehmen. Mein Telefonakku ist leer.
Mein Aufladegerät war im Rucksack.

Hungrig und müde,
Polar

Die Karte zeigt die Insel Stromboli im Abendlicht vom Meer
aus gesehen. Der Vulkan spuckt Lava.

Sechzehnte Postkarte

Abgestempelt am 16. Juli in Stromboli, Provinz Messina, Italien

Bin bei einem alten Fischer in Ginostra untergekommen.
Er heißt Enzo. Auf der Insel gibt es zwei Orte und einen
Vulkan dazwischen. In Ginostra wohnen 27 Menschen.
Es blüht prächtige Bougainville an Enzos Haus. Sonst ist
hier nicht viel.
Über dem Krater ein Rauchwölkchen.

Ruhig,
Polar

Siebzehnte Postkarte
Abgestempelt am 20. Juli in der Provinz Messina, Italien

Meine Antwort ist: Ja.
Komm her. Und bring den Ring mit.
Ich warte hier auf Dich.

Ganz und gar,
Polar

PS: Enzo ist ein kluger Mann.
PPS: Du findest mich in Ginostra auf Stromboli,
nach Enzo und der Tedesca fragen.

Die Karte zeigt das Dorf Ginostra auf Stromboli.
Bougainville blüht.

DIE AUTORINNEN

Jane Austen

wurde 1775 als siebtes von acht Kindern in Hampshire geboren, ihr Vater war Pastor. Wie in all ihren Romanen geht es auch in ihrer frühen Erzählung »Drei Schwestern«, die Austen mit nur siebzehn Jahren schrieb, um die entscheidende Frage: Vernunftehe oder Liebesheirat – oder doch besser warten auf die Verbindung von Verstand und Gefühl? Austen selbst hat gewartet und unterdessen mehr als einen Heiratsantrag abgelehnt (abgesehen von einem, den sie zwar angenommen, am nächsten Morgen aber widerrufen hat). Die Königin des *courtship and marriage plot*, die ihre Romane als ihre Kinder bezeichnete und zeitlebens eine besonders innige Beziehung zu ihrer Schwester Cassandra hatte, ist 1817 mit einundvierzig Jahren gestorben, ohne selbst je geheiratet zu haben.

Laurie Colwin,

1944 in Manhattan geboren, schrieb fünf Romane, drei Erzählungsbände sowie zwei Bücher mit Essays und Rezepten. Sie ist bekannt für ihre genauen Porträts der New Yorker *upper class* sowie für ihre sehr persönlichen Kolumnen über das Kochen, die in der Zeitschrift *Gourmet* erschienen und bei ihren Lesern Kultstatus haben. Colwin heiratete 1983 Juris Jurjevics, der lange Cheflektor der Soho Press war und seinerseits einen Roman veröffentlichte. Die beiden haben eine Tochter. 1992 erlag Colwin mit 48 Jahren einem Herzinfarkt.

Karen Köhler

wurde 1974 in Hamburg geboren. Sie wollte Kosmonautin werden, hat Fallschirmspringen gelernt und in Bern Schauspiel studiert. Nach einigen Jahren in Engagements als Schauspielerin lebt sie heute wieder in Hamburg und schreibt Theaterstücke und Prosa, wofür sie mehrere Stipendien und Förderpreise erhielt. 2014 erschien mit dem Erzählungsband *Wir haben Raketen geangelt* ihr Debüt, für das sie den Rauriser Literaturpreis bekam.

Katherine Mansfield

wurde 1888 in Wellington, Neuseeland, in eine kinderreiche, kolonialbürgerliche Familie hineingeboren. Als sie fünfzehn war, schickten ihre Eltern sie und ihre Schwestern nach London, wo sie drei Jahre das College besuchten. Wieder zurück in Wellington, hatte Mansfield solche Sehnsucht nach London, dass sie mit zwanzig Jahren entgegen dem Wunsch ihrer Eltern dorthin zog. Noch im gleichen Jahr heiratete sie ihren erheblich älteren Gesangslehrer, verließ ihn jedoch in derselben Nacht. 1911 veröffentlichte sie ihren ersten Erzählungsband, der in kurzer Zeit eine zweite und dritte Auflage erlebte. Seit 1914 mit dem Literaturkritiker John Middleton Murry in einer wechselhaften Beziehung, heiratete sie diesen vier Jahre später, verbrachte die nächsten Jahre jedoch weitgehend ohne ihn, schreibend und auf Reisen, wobei ihre Gesundheit ihr immer mehr zu schaffen machte. Mansfield, deren Erzählungen Virginia Woolf sehr bewunderte, erlag mit vierunddreißig Jahren ihrer Tuberkulose.

Bobbie Ann Mason,

geboren 1940, wuchs als erstgeborenes von vier Kindern auf einer Milchfarm in Kentucky auf, »die Art Farm, die heute von den Leuten idealisiert wird«, wie sie im Vorwort zu ihrem Buch *Clear Springs* schreibt, denn das Leben dort war noch so altmodisch, dass sie manchmal glaubt, sich an das neunzehnte Jahrhundert erinnern zu können. Da sie ihr Leben nicht damit verbringen wollte, Butter zu rühren und Hühner zu rupfen, floh sie nach ihrem Studium der Englischen Literatur nach New York, um eine Situation zu schaffen, in der sie so viel wie möglich lesen und schreiben konnte. Nachdem sie einige Zeit bei einer Filmzeitschrift gearbeitet hatte, zog sie noch weiter nach Norden und promovierte in Connecticut über Naturmetaphern in Vladimir Nabokovs *Ada*. Dort lernte sie ihren späteren Ehemann Roger B. Rawlings kennen und erkannte schließlich, dass ihr Herz und das Material für ihr eigenes fiktives Schreiben im Süden lagen. Mason veröffentlichte erstmals im *New Yorker*, der 1980 eine Kurzgeschichte von ihr druckte. Ihr erster Roman, *Geboren in Amerika*, war 1985 in den USA ein großer Erfolg und wurde verfilmt. Bis heute folgten mehrere Romane und Kurzgeschichtensammlungen, für die sie unter anderem den PEN/Hemingway Award erhielt. Mason lebt mit ihrem Mann in Kentucky.

Lorrie Moore

wurde 1957 als zweites von vier Kindern in Glen Falls geboren. Ihre Short Storys fanden früh Anerkennung, standen auf der *New York Times*-Bestsellerliste, sind vielfach preisgekrönt und

wurden auch ins Deutsche übersetzt. Lorrie Moore ist geschieden und Mutter eines Sohnes. Sie lebt in Nashville, Tennes-
see und lehrt Anglistik an der Vanderbilt University. Zuletzt
war sie mit ihrem Roman *Ein Tor zur Welt* auf der Shortlist des
Orange Prize for Fiction und nominiert für den PEN/Faulkner
Award. Moore gehört zu den bedeutendsten Autorinnen zeit-
genössischer amerikanischer Literatur.

Alice Munro,
1931 in Ontario, Kanada, geboren, wuchs auf einer Silberfuchs-
farm auf und wusste, seit sie 14 war, dass sie Schriftstellerin
werden wollte. Ihre erste Erzählung publizierte sie während
ihres Literaturstudiums an der University of Western Ontario,
wo sie auch ihren ersten Ehemann kennenlernte. Nachdem sie
ihr Studium aus Geldmangel abgebrochen hatte, gründete sie
in Victoria auf Vancouver Island zusammen mit ihrem Mann
eine Buchhandlung, die heute noch existiert. Sie brachte vier
Töchter zur Welt, von denen eine kurz nach der Geburt starb.
Nachdem sie sich 1972 von ihrem ersten Mann trennte, heiratete sie vier Jahre später den Geografen Gerold Fremlin, mit
dem sie bis zu seinem Tod 2013 zusammenblieb. Munro revolu-
tionierte die Struktur von Kurzgeschichten und hat für ihr um-
fangreiches erzählerisches Werk fast jede wichtige literarische
Auszeichnung erhalten, darunter den Nobelpreis für Literatur.

Dorothy Parker,
1893 in New Jersey geboren, verlor früh ihre Mutter und ging
auf exklusive New Yorker Privatschulen. Sie ist berühmt für

ihren feinen Spott und ihren scharfen Witz, schrieb Theaterstücke und Storys sowie für *Vogue, Vanity Fair* und den *New
Yorker* Gedichte und Kritiken. 1917 heiratete sie einen Wall-
Street-Broker, der bald darauf von der Army eingezogen wurde und von dem sie sich 1928 wieder scheiden ließ. Sie trank
mit Truman Capote, war mit Ernest Hemingway befreundet
und hatte zahlreiche Affären, unter anderem mit F. Scott Fitz-
gerald. Mit ihrem zweiten Mann Alan Campbell zog sie in den
1930er Jahren nach Hollywood und schrieb mit ihm zusammen sehr erfolgreich Drehbücher. Aber das Glamourleben
hatte seine Kehrseite: Depressionen, vier Selbstmordversuche,
eine Abtreibung, zwei Fehlgeburten, Rausschmisse und Ent-
ziehungskuren, und eine zweite Scheidung. 1950 heiratete sie
Campbell erneut, aber die Ehe sollte stürmisch bleiben. Dorothy Parker erlag 1967 einem Herzinfarkt.

Zadie Smith

wurde 1975 als Tochter einer Jamaikanerin und eines Englän-
ders in London geboren. Sie studierte Literaturwissenschaft
und veröffentlichte währenddessen eine Reihe von Short
Storys in einer Studentenpublikation. Ein Verleger, der ihre
Begabung erkannte, bot ihr einen Vertrag für ihren Erstling
an, Smith kontaktierte jedoch eine Agentur und erhielt auf
der Basis von wenig mehr als einem ersten Kapitel einen Vertrag und einen ungewöhnlich hohen Vorschuss. *Zähne zeigen*
erschien 2000, wurde zum Bestseller, in zahlreiche Sprachen
übersetzt und vielfach ausgezeichnet. Inzwischen sind neben
Essays vier weitere Romane von ihr erschienen. Smith ist seit

2004 mit ihrem Studienkollegen Nick Laird verheiratet. Sie leben in London und New York und haben zwei Kinder.

Virginia Woolf

wurde 1882 in London geboren, lebte mit ihrer Familie in Kensington und zog 1905 mit ihren Geschwistern nach Bloomsbury. Hatte sie als Kind noch die viktorianischen Beschränkungen erlebt, denen Mädchen und Frauen unterworfen waren, führte sie dort zusammen mit befreundeten Künstlern, der *Bloomsbury Group*, ein Boheme-Leben. Nachdem sie einen Heiratsantrag ihres Freundes Lytton Strachey zunächst angenommen hatte, die beiden dann aber übereinkamen, zu tun, als hätte es ihn nicht gegeben, bekam sie 1912 einen Heiratsantrag von Leonard Woolf. Sie zögerte und erlitt einen depressiven Krankheitsschub, willigte vier Monate später aber ein. Wie die Schwestern Phyllis und Rosamond in Woolfs Erzählung von 1906 erkennen, muss die Ehe keine Angelegenheit sein, die sich in Überdruss und spitzen Bemerkungen erschöpft, sie kann auch eine widerstandsfähige, aufrichtige Sache sein – so wie die Liebe, die Virginia Woolf in ihrer fast dreißigjährigen Ehe mit ihrem Mann Leonard erlebte. Woolf, die zu den bedeutendsten Autorinnen der literarischen Moderne zählt, nahm sich 1941 das Leben, weil sie einen erneuten Krankheitsschub nahen fühlte.

DIE HERAUSGEBERIN

Nicole Seifert,

Jahrgang 1972, studierte nach einer Ausbildung im S. Fischer Verlag Allgemeine und Vergleichende Literaturwissenschaften sowie Amerikanistik in Berlin. Sie promovierte über die Tagebücher von Virginia Woolf, Katherine Mansfield und Sylvia Plath und arbeitete im Lektorat des Berlin Verlags und des Rowohlt Verlags. Heute lebt sie mit Mann und Tochter in Hamburg, wo sie als Lektorin und Übersetzerin tätig ist und unter dem Pseudonym Anneke Mohn selbst Unterhaltungsromane schreibt. Die Idee zum vorliegenden Buch kam ihr während der Vorbereitungen zu ihrer eigenen Hochzeit. In diesem Band hat sie die Erzählung von Laurie Colwin übersetzt.

QUELLEN

Jane Austen

DREI SCHWESTERN (THREE SISTERS)
Aus: Jane Austen, *Lady Susan und andere Erzählungen*
© 2011 Manesse Verlag, Zürich,
in der Verlagsgruppe Random House GmbH
Aus dem Englischen von Renate Orth-Guttmann

Laurie Colwin

EINE LANDHOCHZEIT (A COUNTRY WEDDING)
Aus: Roger Angell (Hg.), *Nothing But You:*
Love Stories From the New Yorker
© 1998 The New York Library
Aus dem Englischen von Nicole Seifert. © edition fünf 2017

Karen Köhler

POLARKREIS
Aus: Karen Köhler, *Wir haben Raketen geangelt*
© 2014 Carl Hanser Verlag, München

Katherine Mansfield

HERR UND FRAU TAUBE (MR. AND MRS. DOVE)
Aus: Katherine Mansfield, *The Collected Short Stories*
Aus dem Englischen von Sabine Kray. © edition fünf 2017

Zadie Smith

DAS MÄDCHEN MIT DEN PONYFRANSEN
(THE GIRL WITH BANGS)
© 2001 by Zadie Smith
First published in: *Timothy McSweeney's Quarterly Concern*
Reproduced by permission of the author c/o Rogers,
Coleridge & White Ltd., London
Aus dem Englischen von Marcus Ingendaay,
für diese Ausgabe durchgesehen und überarbeitet

Virginia Woolf

PHYLLIS UND ROSAMOND
(PHYLLIS AND ROSAMOND)
Aus: Virginia Woolf, *The Haunted House:*
The Complete Shorter Fiction
Aus dem Englischen von Karen Nölle